U0111747

大展好書　好書大展

品嘗好書　冠群可期

截拳道

手擊技法

舒建臣　編著

大展出版社有限公司

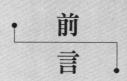

前言

　　自從香港武術大師李小龍先生創立了截拳道功夫以來，影響巨大，在國際武壇上享有盛譽。近些年來，截拳道在中華大地上也得到了蓬勃發展和廣泛傳播，在廣大青少年中掀起了一股學習截拳道的熱潮。

　　人們不禁要問，中國是中華武術的故鄉，其內涵極爲豐富，各門各派，千姿百態，足以讓任何一位有心學武之人眼花繚亂，難作決斷。然而爲什麼人們還會對截拳道這種既有中華武術的內涵，又借鑒了諸多西洋拳法的技術特點的功夫門類如此青睞呢？

　　依筆者的多年實踐體驗，截拳道歸根結底還是從中國武術這棵大樹上衍生的一株新枝，但它又不同於中國傳統武術，它在許多方面已經跳出了傳統武術的規範與限定，體現出時代的進步。從截拳道的學習和認識中，人們依舊可以充分了解武術的基本理念，而且從運動訓練中不僅獲得實戰搏擊的能力，還使自己的身心同時得到更好的鍛鍊，從實際效果上看，在諸多武技流派中是出類拔萃的。

　　截拳道不僅僅教會人們在健身或者搏擊中一招半式的技巧，還強調在學習中追求肉體鍛鍊的極限，同

時進入更加深層次的心靈的探求，使自己在肉體和精神上都得到一個極大的昇華，從而使這門拳技成為自己生活中一種藝術的拳道。反過來看，當人們在學習中感受到自己從未感受過的許多新知之後，從內心深處迸發出來的熱情又會將種種武技全面地融入到社會生活發展的軌跡中。

今天看來，截拳道早已不只是人們茶餘飯後談論的話題，也不只是從宣傳片中體現對偶像崇拜的衝動，它早已成為大批練習者日常生活中的重要內容，並逐步地提高著他們的道德、情趣和生活理想的修養。截拳道教會了人們更深入一步地洞察武術的邏輯性，並引導人們站在中外武術文化的基礎之上去充分發揮截拳道所展現的創新思維。

實事求是地講，截拳道是它的創始人和繼承者們交給這個世界的一個嶄新的、理性的、科學的武術體系。儘管，探索武術的真理常常會遇到許多意想不到的困難，創立一種新的武術體系更非易事，它不僅需要昂揚的激情、創新的勇氣、良好的悟性，還需要科學的態度、求實的精神和嚴謹縝密的思考，而這些，截拳道和它的追求者們基本上做到了。

由於諸多原因，截拳道的資料保留得並不完整，一些人在學習中常常會遇到一些困難，由此，筆者才有了整理出一套比較系統又讓人易於理解的叢書的計劃。經過幾年的努力，產生了《截拳道入門叢書》。這套叢書共六本：《截拳道手擊技法》《截拳道腳踢

技法》《截拳道擒跌技法》《截拳道攻防技法》《截拳道連環技法》《截拳道功夫匯宗》。在這套叢書中，筆者試圖從不同的角度，以理論和實戰技法相結合的方式，把截拳道最基本的理念、技法和攻防招式逐一介紹給大家。考慮到不同層次學習者的需求，在這套書中，筆者盡量以通俗易懂的語言進行描述，以較多的圖片直觀地表現各種技術動作的特點，力求使之達到一個最好的效果。當然，這只是筆者的一個好的願望，因為，無論是學習截拳道還是其他的武術流派，最主要的還是要靠學習者在訓練中的切身感悟，一部入門叢書，無論如何僅僅是引導您入門的一個輔助工具，而不是全部。

由於截拳道內容非常寬泛，尤其是其技法技巧變化萬千，無法在一部書中得到充分的展現，加之筆者的認識也有待不斷的深化，不斷的提升，所以在本書中難免有諸多的疏漏和不足之處。在此誠懇地希望所有讀到本書的同道提出批評和建議，以期共同提升。

本套叢書得以付梓出版，筆者衷心地感謝多年來一直給予關注和支持的親友，以及為此付出了辛勤勞動的所有的人。

作　者
於深圳

目 錄

第一章

截拳道運動技能訓練

　　在截拳道運動領域裡，搏擊中的攻防技巧的學習和掌握尤其重要。在專業截拳道運動員訓練和把截拳道融入生活的初期，可能自己連平衡都把握不好，但訓練幾年以後，他所發揮的截拳道技術可能會讓人拍手稱絕，他們的技術會達到一個較高的水準。

　　當然，從什麼都不會到成為高水平運動員，肯定要走過一個非常艱苦的訓練過程。

第一節　截拳道的技能概念

　　所謂截拳道技能是指在訓練中掌握拳理知識，學習前人經驗、經過自身刻苦練習而獲得的動作特點、攻防能力以及心靈上的體會。技能是隨自己的感覺開始，經過練習中的反覆體驗總結，促使肢體活動形成自然的條件反射而固定下來。

　　能否完成訓練，將以運動員實現這些技能方式所掌握

的程度如何來確定。初入門的練習者在學習一種新的技巧時，常常感到十分困難，難以把握。要準確把握截拳道的技能技巧，需要認真練習，應當有目的、有計劃、有步驟地完成動作訓練。在反覆練習中，練習者所要把握的技能便鞏固下來，並逐漸掌握技能的最佳狀態。

實現訓練動作技能，並不僅僅靠肢體動作簡單機械的組合。運動的方式是有目的、有組織的身體活動。在能夠完成一個複雜或完整的系列技能時，其中一些動作方式便從有意識活動轉變為自動的或本能的反應，即能夠在意識控制的最低限度的情況下，順利、有效、協調地運用動作。能達到這種程度時，在搏擊中就不必把注意力集中在動作的過程上，不必考慮怎樣去完成攻防動作。因為此時經過訓練的動作技能就會運用得機動靈活，又不太多地消耗體能，而可以把主要的注意力放在對手可能出現的變化上，從而創造性地發揮攻防技能的最大效率。

經過訓練的技能能達到自動化程度。當自己在搏擊中對動作的組成成分及時間、距離、力量的特性產生了清晰的知覺後，運用這種技能的技巧就成了「絕招」或「絕技」。例如，漏手打法和連環腿擊法等，這也是所謂「絕招」的不為人知之處。

第二節　截拳道的技能訓練

在技能訓練中，雖然諸多隊員是在同樣條件下進行訓

練，訓練課程也一樣，但是，訓練效果在隊員與隊員之間卻是不一樣的。有的隊員在練習中進步較快，有的則較慢。產生這種情況的原因，除了由於個人能力有差異外，還有個人理解的練習方式和條件的影響。要使自己的訓練成效比他人更快、更大，首先必須養成正確的習拳方法，從而為練習創造有利條件。

截拳道訓練根據學員情況和不同的訓練內容，一般把訓練分成三個階段，即：基礎階段、提高階段和合一階段。

一、基礎階段

截拳道訓練初期，受訓隊員的神經過程一般均處於一個泛化期，內抑制過程尚未較好地形成，注意問題的範圍較狹小，知覺的準確性較低，反映在動作技巧上往往不太協調，尤其在動作放鬆與肌肉的緊張程度的配合上不盡人意，以主觀意識參與動作較多，訓練中顯得忙亂緊張，動作難以準確協調。

基礎訓練階段，教練員較多地對訓練隊員進行技術指導，練習者主要透過觀察示範動作而進行重複模仿練習，因此，在這個階段他們較多的是利用視覺來控制動作的正確性。此時，要求練習者掌握基本的拳勢和基本動作，做到手法、眼法、身法、步法適度，做到技巧招勢規矩，由持之以恆的鍛鍊，逐步培養和提高自己的柔韌、速度、力量等身體素質。

姿勢掌握得正確，才能真正體會拳技要求的動作整齊、進退和順、發力順暢的要點，才能夠使得自己動作準確，身法協調，初步做到全身姿勢的完整統一。全身姿勢的和順，要點正在於動作技巧、拳法變化的整齊及身體的協調配合。

在進步和後移的變化中，如果身體姿勢的運動路線、角度、時機及運動和突然靜止的拳技定勢把握得當，運用合理，就不會形成動作僵硬、呼吸緊張、姿勢不穩等情況。因為手腳若配合不順暢，必會引起呼吸緊張，造成拳技不協調、內勁不合的效果。

因此，初級訓練必須從頭學起，首先掌握身體姿勢的上下協調，虛實分明，內外相合。

訓練時應當注意，練習者的姿勢必須做到均衡穩定。姿勢的均衡穩定是技術動作熟練和身體其他素質進步的體現。

這一階段訓練，應有意識地培養練習者的腰、腿的柔韌性及上下肢力量，反覆鞏固基本拳技動作和拳技要領。

初學訓練時有一個問題是非常重要的，這就是如何協調地鍛鍊肌肉。

肌肉鍛鍊分兩部分：外部的肌肉鍛鍊和內部的肌肉鍛鍊。外部的肌肉鍛鍊是如何使動作協調配合，內部的肌肉鍛鍊是指在動作中如何使肌肉依發勁順序和發勁方向，使主動肌和協同肌最大限度地收縮，同時使拮抗肌放鬆。

二、提高階段

截拳道的提高階段，指練習者經過基礎訓練階段後，神經過程進入了分化階段。教練員在訓練中應注意對練習者的錯誤動作及時糾正，讓練習者多體會拳技細節，多進行動作的分析思考，促進分化抑制和反饋機制的進一步發展，使拳技日趨精準，在進一步訓練中使運動中樞留下新的運動技能痕跡。

當訓練達到這個階段，某些動作技巧環節能在不受意識的控制下完成，這時拳技表現出精確、協調、省力，即使環境條件有所改變，拳技也不易因此而受干擾變形，拳技與人體內外器官活動配合得更趨和諧，拳技運用也更為輕鬆自如。

同時，練習者應在教練員的指導下進行拳技理論和動作技巧方面的探討，配合訓練實踐，使拳技逐漸達到與心靈（心智）合一的境界。

提高階段的訓練重點是在動作連貫、身體圓活、柔韌素質、拳技完整等方面下工夫，使頭、肩、肘、手、膝、髖、腳密切配合。動作中做到內外六合，周身渾然一體。

此階段還應著重鍛鍊柔韌性和機動靈活性，以使拳技運用可快可慢，勢斷勁連，勁變意連，發力的運用剛柔相濟，含而不露。

不論攻擊與防守，都要含有韌性，突出全身的完整協調性，攻防的勁力由表露於外變為蘊藏於內。

三、合一階段

合一階段是截拳道拳技的鞏固和深入發展階段。它不僅是拳術的鍛鍊，亦是心靈上的探究，是在擺脫意識控制下完成拳技運用的階段。透過這個階段的訓練，練習者的拳技將達到自動發揮的程度，同時，對搏擊的注意範圍擴大，對自己動作運用的主觀注意減少，對環境變化有了較深入的感觸，對自己出現的錯誤動作能夠及時予以糾正。

在前兩個階段的基礎上，練習者的運動感覺意識與拳技融合為一體，已經達到高水準境界，在多變的搏擊中，運用拳技意隨手發，不為形式所束縛，全身沒有絲毫拙力，運用身體四肢隨時攻防和發招，勁力集中，結合呼吸，打出爆發力。

在此階段，欲達到拳技與心靈的形神合一，也會受多方面因素的制約，與教學水準、訓練水準、練習者練習的積極性和目的性、身體狀態、心理狀態，以及訓練方式等都有很大關聯。

因此，截拳道主張訓練應因材施教，不要盲目地一味追求效果，那樣只會適得其反。

一名練習者在截拳道的訓練中，應切實把握由基本知識開始，達到動作的熟練，進而發揮出本能的動作，運用手、眼、身、法、步所體現出的動靜、剛柔、虛實的變化，最終實現截拳道萬變不離其宗的法理。

經過堅強持久的訓練，經過傷與痛的磨練，拋棄淺浮

的表象，以求心悟。當達到心悟的狀態時，格鬥就決不是單純的格鬥了，它就成了一種藝術。

心靈與拳技的探索，要遠離道與禪的困惑，在返璞歸真時，朝向單純與平凡。

第三節　截拳道的訓練指導原則

訓練是練習者在準備做出激烈的神經與肌肉反應時，為適應心理（精神）、生理上的狀況而進行的練習。但是，大運動量的訓練一方面能強健體質，另一方面又必須注意運動損傷問題，因此，有必要制定截拳道的訓練指導原則。

截拳道運動有三大原則：循序漸進原則、堅持鍛鍊原則、合理安排原則。

一、循序漸進原則

練習是為掌握一定的動作或運動方式，為實現預定目標而反覆操作的過程。訓練目標就是要逐步提高單位時間內完成的工作量（或訓練量），或減少每次練習所用的時間，並減少每次練習出現錯誤率，按照練習步驟，打好基礎，循序漸進地提高。

確立自己的訓練目標，對訓練效果有重要意義。

在訓練中不必苛求一步到位，而應追求逐步進步，使

拳技與心智相對照，以穩健地達到預定目標。這樣的訓練
會使自己取得螺旋形的進步，而不會使反覆的訓練變成一
種簡單機械的重複。

初期的訓練完成時，必須運用心智，思考拳技的原理
與規律。遇到難度較大或較複雜的技巧動作，一時不能順
利完成時，可先降低訓練難度，不急不躁反覆體會，直至
訓練完成。在訓練過程中，要始終留心拳技動作運用的感
覺。

二、堅持鍛鍊原則

截拳道訓練不受場地、時間的限制，但一定要堅持經
常鍛鍊，持之以恆，訓練要有計劃，按時操練。訓練中三
天打魚，兩天曬網，不僅收不到效果，反而對身體有害
處。

訓練中適當安排運動量，練習的強度不宜忽大忽小，
這樣身體及內臟器官無法有效適應，容易造成對身體的損
傷。

經常性堅持鍛鍊，是改善身體素質和增強技術能力的
基本保障。

三、合理安排原則

在一起訓練的隊員，訓練的效果常常是不同的，有些
隊員進步較快，而另一些隊員則相對遲緩。出現這種狀

況，除了隊員自身的能力強弱之外，各人掌握練習方法和條件的不同也會影響訓練的進度。

因此，教練在訓練中應因人制宜，適當安排，在練習的內容、方法及步驟的要求上不應強求一致。教學中應根據練習者的具體情況制定出有效的練習計劃。經過一段時間訓練後，逐漸增加訓練強度和密度。若在訓練中出現損傷或其他特殊情況，應從實際出發，調整訓練安排。

任何一種訓練方式，都是為使訓練達到訓練目的的一種手段。訓練方式的優與劣，要依據訓練效果是否有益於培養提升練習者的技術能力。

訓練效果的增強可以避免身體機能退化，提高技術水準，豐富戰術技能，以便自信地進入實戰搏擊的領域。

練習者每次訓練結束後，都應了解自己的練習效果，這樣做對於提高拳技有一定幫助，並及時發現訓練中存在的缺點，同時鞏固正確的方法。

截拳道訓練追求精神和肉體的鍛鍊，訓練方法的領悟亦同樣要有直觀之心。在觸及問題的核心之處，尋求解決方法，加之以堅強的毅力和克制力，循此以往，一名截拳道的練習者就可以逐步實現截拳道的理想。

截拳道手擊技法

第二章

截拳道手肘技法的基本訓練

手肘技法是進攻時手與肘的擊打動作方法。其基本訓練的意義是培養上肢及身體的素質與特質訓練。基於手肘技法主要訓練攻擊時手與肘的動作運用，這就需要訓練上肢乃至身體的肌肉，肩、肘關節的靈活性和內臟器官的氣息調動配合。

第一節　截拳道的基本手型

截拳道的出拳技巧，並非簡單的出拳擊中目標，其中有諸多出拳的方法和技術。

一、握　拳

手掌張開，五指平伸，拇指以外的其他四指用力握緊，使手指捲向手掌。接著，拇指彎曲，緊壓在四個指頭方向，拇指尖延伸到中指中間（圖1～圖4）。

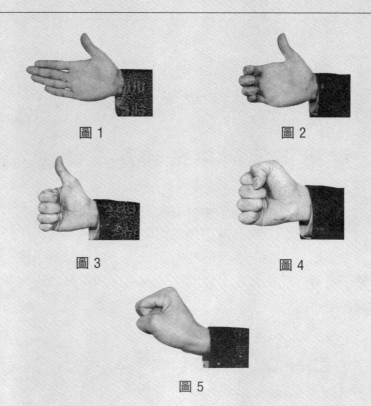

圖 1　　　　　　　　圖 2

圖 3　　　　　　　　圖 4

圖 5

1.拳勢定位

五指捲攏，握緊為拳（圖5）。

拳心：手心一面，即手指向內彎曲的那面。

拳眼：拇指邊的圓心。

拳輪：小指邊的圓心。

拳面：食指、中指、無名指、小指第一節指骨互併而形成的面。

拳背———手背一面。

圖 6

圖 7

圖 8

圖 9

圖 10

圖 11

2.拳勢變動

直拳：沿水平而出之拳，為直線出招的拳（圖6）。

勾拳：拳眼斜角度沿弧形線而出的拳（圖7）。

擺拳：拳背稍斜角沿小弧形線而出的拳（圖8）。

背拳：以拳背攻擊的拳（圖9）。

寸拳——近身發力的寸勁拳（圖10）。

掄拳——由下至上弧線掄打的拳（圖11）。

二、指　掌

五指撐開時為掌。五指自然分開，拇指向外展，食指挑勁，虎口撐圓，餘下三指微屈伸開，掌心內含，呈圓形（圖12）。

圖 12

1.掌勢定位

五指撐開為掌（圖13）。

掌心：手心的一面。

掌指：手指的指尖。

虎口：食指與拇指的中間部位。

掌外緣：大拇指一邊的手掌側邊。

掌根：小指一邊的手掌側邊。

圖 13

2.掌勢變動

指戳：手指截擊的招式（圖 14）。

插捶：五指捲屈的攻擊形式（圖 15）。

劈掌：用掌根劈擊（圖 16）。

推掌：以掌心推擊（圖 17）。

甩掌：用掌甩摑擊（圖 18）。

圖 14

圖 15

圖 16

圖 17

圖 18

第二節　截拳道的柔韌性

　　截拳道運動的柔韌性是指發揮技能時身體四肢關節活動的幅度或活動範圍大小狀況。

　　柔韌性素質的解剖因素包括：關節的骨結構；關節周圍組織體積大小；髖關節的韌帶、肌腱、肌肉和皮膚的伸展性能。決定柔韌性素質高低的是髖關節韌帶、肌腱、肌肉和皮膚的伸展性能。本節將著重敘述上肢的柔韌性素質。

　　截拳道的上肢柔韌性訓練重點是解決手肘技法運用的靈活性。在上肢柔韌性訓練中，肩、肘關節的柔韌程度幾乎牽連所有上肢動作，不僅關係上肢的動作幅度，還關係到動作的速度和力量。

　　柔韌性訓練可採用爆發式和慢張力式兩種。爆發式柔韌性訓練是強行的急速壓拉肌肉及結締的方法，其效果較快，但容易受傷，對年齡偏大的運動員更是如此。慢張力式柔韌性訓練是有意識地放鬆對抗肌，慢慢壓拉肌肉韌帶，這樣雖然效果慢一些，但不容易受傷。

　　柔韌性訓練進度的快慢受中樞神經系統對骨骼肌調節功能的影響，對對抗肌之間的協調更是如此，同時，肌肉緊張程度與放鬆的調節能力也有一定影響。

　　在較好的環境與教學條件下，幼年時期訓練效果最佳，青年時期進行柔韌性訓練則較難有顯著的提高。如果

不能經常堅持訓練，柔韌性將明顯減退。如果從少兒時期即開始進行系統訓練，並且持之以恆，已獲得的柔韌性則會保持很久。

訓練時不一定固定在健身館或室內，可以利用任何時間進行練習。基本訓練方法有指掌、腕部、肘部及肩部訓練等多種。

一、肌肉鬆緊練習

【動作】

自然姿勢站立，集中精神，默想，調節一下心理。有意控制全身肌肉，使肌肉有鬆有緊，有張有弛（圖19）。

【說明】

此動作對日後的練功進度有很大的幫助及益處。這一姿勢有待練習者逐漸體會。

二、強化手腕練習

【動作】

兩腳自然開立；兩手置於胸前，左手緊握右手掌背，用力振壓；右手掌背順勢向掌根處彎曲，逐步加力向下推壓。兩手交替進行（圖20～圖22）。

圖 19

圖 20

圖 21

圖 22

両手成掌，掌指互相交叉，掌心朝外，振壓指、腕（圖23）。

【說明】

做掌指和腕部的振壓練習，可以強化腕及指的韌性和靈活性，對擊拳、擒拿、擒鎖有一定增強效果。

三、活動手腕練習

【動作】

自然站立；手臂側平舉，兩手五指併攏，側屈腕豎立，做由外側向下、向內、向上轉動一周的分腕動作（圖24、圖25）。

自然站立；手臂側平舉，兩手五指併攏，側屈腕豎立，做由內側向下、向外、向上轉動一周的分腕動作（圖26、圖27）。

圖23

圖24

圖 25

圖 26

圖 27

自然站立；手臂側平舉，兩手五指併攏，掌心朝下，兩手猛力屈腕向上豎起，然後恢復動作（圖28、圖29）。

圖 28

圖 29

【說明】

做手腕動作練習，主要是掌握掌及腕部的運動。在手掌轉動時，肘關節可略屈，以助腕部靈活。腕部的劃圓豎起動作要正確，有助於掌及腕的靈活運用和增強勁力，為搏擊格擋技術奠定基礎。

四、屈肘練習

【動作】

　　自然放鬆站立；兩臂向前側平舉，做由上而下的屈振動作（圖30、圖31）。

【說明】

　　屈肘運動練習肘關節的運動幅度及靈活性。

圖 30　　　　　　　　　　圖 31

五、反臂練習

【動作】

自然站立；兩臂伸直，從體側向後、向上擺動。保持頭部中正，挺胸收腹塌腰（圖32）。

仰面反臂支撐；兩腳跟著地，兩腿伸直，與身體成斜面。上勢不停。兩腿屈膝，髖部向腿部靠攏，在有限的範圍內充分拉肩（圖33、圖34）。

圖 32

【說明】

手臂反向練習，促使手臂不僅可以正面運動，反面也可以運動，增加手臂的活動範圍。

圖 33

圖 34

六、擺臂練習

【動作】

兩腳分開，與肩同寬；兩臂屈肘上抬，高與肩平；自然握拳，拳心向下，做向左、向右的屈肘轉體擺臂動作（圖35、圖36）。

站立姿勢不變；兩手屈肘握拳上抬，高與肩平，做擺臂動作（圖37、圖38）。

【說明】

練習中，頭部要保持中正，隨身轉動姿勢協調，同時

圖 35　　　　　　　　　圖 36

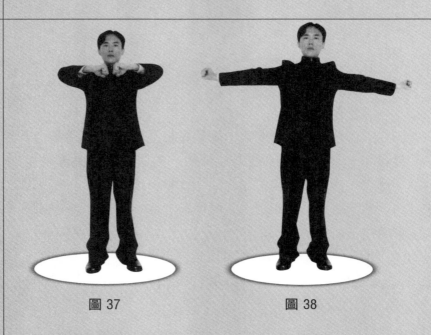

圖 37　　　　　　　　圖 38

挺胸，轉體幅度均勻，動作有力。

七、手臂繞環練習

【動作】

　　兩腳前後分開；右手握拳屈臂，與面部同高；左手成掌，左臂伸直，做由前向後，由後向前的繞環動作。做完後換另一臂的繞環動作（圖 39、圖 40）。

【說明】

　　左右手的繞環動作，在鍛鍊肩肘柔韌性同時，也促進了頸椎與肩、臂的回環鍛鍊，使手臂動作進一步靈活。

圖 39　　　　　　　　　　圖 40

八、正壓肩練習

【動作】

　　兩腳分開，自然站立；兩手扶按器具，與身體保持合適距離，兩手與肩同寬；上體向前俯，向下振壓肩部。根據情況適度用力，挺胸收髖（圖41）。

【說明】

　　做壓肩動作時，腿站立伸直，手臂伸出，著力部位在肩部。

圖 41

九、鬆肩練習

【動作】

兩腳間距與肩同寬；兩臂在體兩側，兩肩放鬆；兩肩做向上聳起動作，恢復姿勢；兩肩同時下沉，恢復姿勢。兩肩做上聳下沉動作（圖 42、圖 43）。

兩腳間距與肩同寬；兩臂在體兩側，兩肩同時做向前，突出抱攏狀態，使胸部收縮，恢復原姿勢；兩肩同時向後張展，使胸部挺出，恢復姿勢（圖 44、圖 45）。

【說明】

向前抱攏時肩關節只是前移，不是上聳；向後鬆展時頸部不要前伸。

鬆肩練習是鍛鍊肩關節靈活性的一個主要課目，它透過訓練使胸鎖關節增強了靈活性及擴大了肩胛的活動範圍，有助於揮拳發力動作的運用。

圖 42

圖 43

圖 44

圖 45

第三節　截拳道的擊拳速度

截拳道的擊拳速度是指練習者在最短時間內完成的一定的擊拳能力。速度素質表現形式分為反應速度、動作速度和周期性運動中的位移速度三種。

反應速度是指身體對外部刺激發生反應的快慢，如從發覺對手攻擊到展開反擊或防守的時間反應等。動作速度是指完成單個動作時間的長短，如出拳的速度等。周期性運動中的移位速度是指人體通過一定距離的最短時間，或者是單位時間內通過的距離，如移動近身等。

截拳道的速度訓練，不僅是手腳動作的速度訓練，還要具備其他實踐中的身體素質。在搏擊中不費太大力氣就能給對手更狠、更快速的擊打，同時又能避開對手的攻擊，這就需要敏銳的手腳動作反應速度和身體的機動靈活性。速度素質又受人體生理因素的影響。反應時的速度可透過專門訓練，以求縮短反應時。精神上的有效控制，可以調控身體各協同肌群和對抗肌群的良好協作，透過訓練，可以進一步提高這種協調能力，把因對抗肌群緊張所產生的阻力減少到最低程度，從而提高主動肌及協同肌的收縮力量，增強擊拳的力量與速度。

要提高擊拳速度，首先應使基本動作靈活，富於彈性，克服疲勞；提升肉體和精神的警覺性、想像力和洞察力，並要求快速度的擊拳應在輕巧的運動過程中發出，同

時，還須注意步法、動作的協調配合。

提高擊拳動作速度，應全面發展身體素質，特別是突出擊拳的爆發力和動作的彈性，並要有腰背肌肉群力量和上下肢的互相配合協調。訓練中要善於觀察自身缺陷，相應地保持平衡，以達到針對性的訓練效果。可以把速度練習安排在每次訓練的前段，在中樞神經系統尚處於興奮的狀態下進行，效果則較好。

速度練習主要由體內磷酸原系統供能，因此，必須用發展磷酸原系統供能能力的練習來堅持高強度、低乳酸值的訓練原則。在做速度動作技巧多組練習時，各組訓練間必須有足夠的間歇休息，並認識訓練中肌肉協調放鬆能力對提高速度的重要作用。經過肌肉協調放鬆訓練、力量和速度提高的表現為肌肉及時的放鬆降低了因肌肉緊張造成的阻力，以及因肌肉及時放鬆，使氧分、能源等物質供應更充分，從而加快了三磷酸腺苷的再合成速度。

前者提高了肌力，後者及時補充了被消耗的能量，因而增強了肌肉收縮能力，速度也就加快了。

提高擊拳速度，需做大量練習，而大部分的練習應在實踐中不斷體驗，不斷增強自身感受。經過長期訓練，在速度上花費的時間越長，手腳的動作就越快。

為了進一步提高反應時和速度，還應注意到一些因素的影響。

1.年齡

幼兒時期反應時間不夠穩定，而青年時期雖然速度逐

漸加快，但經研究，獲得最佳效果反應時間和速度的練習
年齡段應以 9～10 歲最為適宜。

2.動機

心理動機對反應時間也有重要影響。

3.利手

是「左撇子」的意思。研究證明，「左撇子」手的反
應速度快於右手，而且在視覺上有明顯優勢。「左撇子」
手的優勢在於右大腦具有較高的分析處理形象信息的能
力。因此，在出拳中應考慮到利手因素。

4.感覺器官

這是指刺激感覺部位不同，反應時間就不一樣。一般
刺激頭部或靈敏部位，反應就特別快，而刺激其他部位，
反應則遲緩數毫秒時間。

5.適應水平

是指眼睛對光線強弱的適應水平對反應時間的影響，
因此，提倡採用暗室練習反應速度。

6.準備狀態

準備時間之內，肌肉張力表現得很明顯，很強烈。在
準備用手反應預備時，距手較遠的股四頭肌都開始變得緊
張了，除非收手時才能恢復放鬆狀態。

7.練習

一般情況下練習越多，反應越快，但隨著訓練的深入，進步會逐漸減慢，最終達到反應時間的不可減的極限。

8.疲勞

疲勞產生，即表明肌力下降了，反應時間及速度遲緩了。主要是肌肉的彈性成分因疲勞而下降，緩衝作用降低，因此，肌肉收縮移動關節的時間延長。

截拳道的擊拳速度素質主要有反應速度訓練和動作速度訓練兩種方式。

一、反應速度與動作速度

1.簡單動作反應的練習培養

計劃的某些訓練方式能否有效提高訓練的反應時，可以透過練習者的反應時間來衡量。在訓練中可以發現，練習者的簡單動作反應透過練習無明顯的變化，而反應時間卻得到了顯著提高。練習者透過訓練方式難以縮短以簡單反應時標誌的反應潛伏期，但卻能夠提高練習反應時標誌的再認、分析、判斷、選擇等的處理操作能力。

一般來講，隨著訓練時間的延長，運動水準會逐步提高，反應時間也會縮短。但是，我們發現並正研究這樣一

個問題，隊員集訓或訓練更長時間時，這種訓練能夠無限制提高反應時間嗎？這是個需要謹慎觀察和探討的問題。

2.複雜動作反應練習培養

複雜動作的反應是對瞬間變化的刺激做相應的回應，它屬於有選擇性的對信息加工的能力，是針對目標的移動及時選擇動作的反應。

出拳速度練習可採用擊打速度球、手靶、木人樁、重沙袋等訓練方式。

二、出拳速度訓練

1.聽覺反應

在暗室裡，由助手配合，讓助手發出短促的「呀」聲，練習者以最快速度回應一聲「啊」。

2.視覺反應

在暗室裡，由助手配合，讓助手持手電筒不定時照亮，練習者在一瞬間看到電光，以最快速度反應發出「啊」聲。

3.動作速度

助手持手靶，練習者左右手直拳進行爆發性訓練。助手持手靶，練習者快速擊向手靶。助手卻快速移動手靶，使練習者無法擊中（圖46～圖48）。

圖 46

圖 47

圖 48

第四節　截拳道的擊拳力量

　　截拳道中拳的運用，需要身體力量和其他綜合素質的協調配合，僅用手臂打出的拳，是沒有足夠力量的。嚴格地說，手臂只是傳輸力量的工具。正確地運用身體姿勢才能提供足夠的力量。

　　力量是進行搏擊的身體素質之一，它的訓練發展水準不但取決於身體肌肉的結構與功能特點，而且與肌肉運動時的能量供應和內臟器官的功能及神經調節的過程有一定關係。因此，力量也是身體素質功能在肌肉運動中的綜合

反映，是提高出拳及踢打技能的基礎。

出拳力量指出拳時身體肌肉運動去克服或抵抗阻力時表現出來的能力。由特殊的阻力練習，可以增強出拳的力量，其中負重抗阻訓練是增大肌肉力量的基本形式。

不過，力量的發展應和訓練課程相適應。力量訓練的方法很多，但不一定都對截拳道的實戰有用，因此，應選擇對實際運用有效的方法進行練習。

一、力量訓練原則

1.超負荷原則

超負荷不一定指訓練量超過本人負荷的極限能力，而是指阻抗負荷應超過平常遇到的負荷阻力。這種比平常更大的阻力刺激使身體肌肉產生生理適應，從而導致肌肉力量的增加。

2.漸進原則

經過負重抗阻重複練習，肌肉力量逐步增加，原來的超負荷練習就逐漸變為低負荷了。為了使肌肉力量繼續增強，應逐漸增加新的負荷，並確定新的超負荷訓練內容。

3.合理原則

為了使負重訓練取得較好的身體生理效果，訓練安排可以先由大肌肉群後至小肌肉群進行練習。這樣，當一塊

肌肉的力量增長時，與其動作結構相關的其他肌肉群的力量也會有所增長。一般講，小肌肉群比大肌肉群更容易疲勞，而疲勞會在一定程度上影響其他肌肉的運動能力。

4.專門性原則

為了直接使負重訓練增加某一部分肌肉的力量，應重點安排對該動作肌肉群的訓練，盡量模擬實際狀態，進行動作的專門性鍛鍊。

5.間隔訓練原則

訓練中的間隔時間長短特別重要。堅持每天訓練一次或多次會收到明顯效果。初學者可以隔天訓練 1 次，但相比較，每天訓練效果會更好些。力量的訓練最好不要間斷，如果較長時間中斷訓練，已有的力量就會很快弱化。

二、力量訓練

1.出拳姿勢

力量由訓練得到提高後，則應正確掌握運用身體姿勢以給拳提供力量。出拳時，身體必須保持平衡，控制自身重心和中線運用，擊出的拳與腳成直線。在運拳過程中，身體同時起到軸心作用，可以大大增強出拳力量。當然出拳的過程還不只是保持身姿平衡，在動作變化時，腳站立的位置也應充分注意。出拳的瞬間，肩部同目標成直線，

身體重心根據動作移位而移動，髖部動作以兩腳掌轉動為支點。若向前出拳，動力來自後腳，出拳時後腳跟抬離地面，在完成動作時，後腿實際上已伸直，後腳跟也幾乎完全抬起。出拳時身體應正對對手（圖49～圖51）。

出拳後，為使後邊發拳更為有力，最後一步應恢復原姿勢，也就是警戒樁式防護姿勢。在兩腿稍屈、腳跟抬離地面的瞬間，身體重心稍微移向後腳，並要控制穩定。出拳之前，身體重心應移向前腳。

圖 49

圖 50

圖 51

2.拳面互頂練習

【動作】

兩腳分開，與肩同寬站立；兩手握拳，置於胃部高度，兩手拳面互頂 20 秒。完成動作後，應儘快將拳變為掌（圖 52、圖 53）。

【說明】

拳面互頂練習的目的是強化前臂及肩鎖的勁力，給肢體也提供了一定的運動量。此鍛鍊增強了短距離的拳與手臂的發力。

圖 52

圖 53

3.強化臂力練習

【動作】

　　兩腳分開，與肩同寬站立；兩手於胸前呈互抱狀，同時，兩手互相發力撐勁（圖54）。

【說明】

　　兩手互相全力抗拒，強化了臂部肌肉和力量，促進貼身短打中手臂勁力的有效發揮。

4.兩手俯臥撐練習

【動作】

　　兩手撐地，與肩同寬；兩腿向後伸直，兩腳分開同肩

圖 54

寬，腳尖蹬地；兩手撐掌，屈肘向下彎曲；挺胸收腹，頭部中正，身體保持直線下落，使胸部觸及地面，胸大肌充分展開；接著，兩臂用力撐起，撐起時使身體保持直線至兩臂伸直時止（圖55、圖56）。

兩手撐地，與肩同寬；兩腿向後伸直併攏，腳尖蹬地；兩手握拳撐地，屈肘向下彎曲；挺胸收腹，頭部中正，身體保持直線下落，使胸部觸及地面，胸大肌充分展開，接著兩臂用力撐起，撐起時使身體保持直線至兩臂伸直時止（圖57、圖58）。

圖 55

圖 56

圖 57

圖 58

　　兩手撐地，與肩同寬；兩腿向後伸直併攏，腳尖蹬地；兩手撐掌，用彈性使身體分離地面，手掌撐起時同樣彈離地面；下落時身體成直線，手掌撐地；挺胸收腹，頭部中正，身體保持直線升落，兩臂用力完成動作（圖59、圖60）。

【說明】

　　俯臥撐的練習鍛鍊三角肌、肱三頭肌、肱二頭肌、肱橈肌、腕屈肌等肌肉、肌腱力量。動作練習中兩腿必須伸直，不可彎曲，動作要連貫。

圖 59

圖 60

5.單手俯臥撐練習

【動作】

右手握拳，以拳面部位撐地，手臂伸直；兩腿伸直併攏，並以右腳外側著地；身體成側臥；左手握拳於體側；右臂屈肘，使身體下落胸側觸及地面；稍停，右臂推撐伸直，做數次後換左手做（圖61、圖62）。

【說明】

單手的練習能強度更大地鍛鍊臂部肌腱的力量。注意：初學階段，如臂力尚不能撐起身體，可逐步鍛鍊，慢慢加量，切不可硬做，以免受傷。

圖 61

圖 62

6.沖拳練習

【動作】

兩腳分開站立，動作自然放鬆，精神集中；手持半公斤重鐵棒，由中線沖拳。沖拳後手臂彈性收回（圖 63、圖 64）。

【說明】

沖拳練習是鍛鍊手腕抖動發力的方法。動作中兩肩稍向下沉，出拳一側的肩須順勢前送。兩手交換練習。

圖 63   圖 64

7.握棍旋肩練習

【動作】

　　兩腳分開站立，與肩同寬；兩手分開抓握鐵棍，將棍橫置於肩上，身體由一個位置向另一個方向旋轉扭動，但肩部兩邊始終保持直線（圖65、圖66）。

【說明】

　　握棍旋肩訓練一段時間後，在不用重物的情況下，出拳自然會增加力量，也能增加出拳的衝擊力。此方法能鍛鍊肩、背、腹肌的收擴運動，同時又能鍛鍊腰側肌肉。

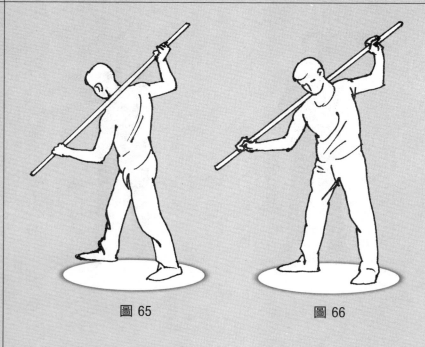

圖 65　　　　　　　　圖 66

8.向上引體練習

【動作】

兩手反握或正握單槓，兩手間距與肩同寬，兩肩自然放鬆使身體下垂，接著屈臂向上引體至頸部與單槓平行（圖67、圖68）。

【說明】

手握單槓時兩肩展開，以背闊肌突然收縮完成動作，同時注意向上引體時呼氣，下落身體時吸氣。

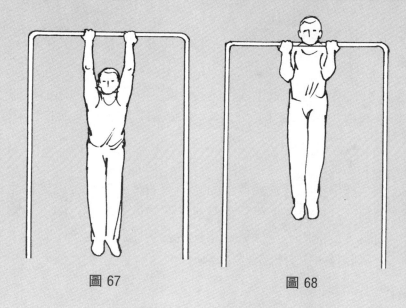

圖 67　　　　　　　　　　圖 68

9.握啞鈴屈臂練習

【動作】

右手握啞鈴，置於膝
部，身體下蹲，左手置於
腰部，右手腕部用力轉動
屈臂。動作中前臂不動，
以腕力轉動啞鈴（圖
69）。

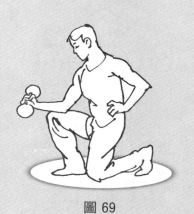

圖 69

【說明】

練習中以腕部用力，可以鍛鍊腕部力量，有助於出拳
時腕部的發力及韌性。

10.前推槓鈴練習

【動作】

　　自然站立；兩手握持槓鈴，握距與肩同寬，屈肘彎曲舉至與肩平；兩手向前平推出槓鈴，接著快速收回（圖70、圖71）

【說明】

　　推舉槓鈴是鍛鍊臂部力量的有效練習方法。此練習能鍛鍊三角肌、岡上肌、大圓肌、肱二頭肌、肱三頭肌、肱前肌、旋前肌、旋後肌、指伸肌及腕屈肌的力量。動作中挺胸收腹，主要以手臂完成動作。

圖 70

圖 71

11.彎舉槓鈴練習

【動作】

自然站立；兩手正握或反握槓鈴，兩手間距與肩同寬，從兩手垂直姿勢開始，使肘部彎曲，將槓鈴向上舉至肩前。上舉時手臂做彎舉動作，身體上部不動，落下後再彎舉起。反覆練習（圖72、圖73）。

【說明】

彎舉槓鈴不僅能強化腕屈肌的勁力，同時可以鍛鍊三角肌、肱三頭肌、肱二頭肌等肌肉群的力量。

圖 72

圖 73

12.頸後屈伸槓鈴練習

【動作】

自然站立；兩手握持槓鈴，間距與肩同寬，肘部彎曲，上舉槓鈴至頸後下落，接著向上彎舉至手臂伸直，然後復原，再舉起槓鈴。反覆練習（圖74、圖75）。

【說明】

舉起槓鈴時，腿部不要用力，挺胸收腹，在鍛鍊臂部肌肉的同時，肩、背、腹部的肌肉群也相應得到鍛鍊。

圖 74

圖 75

13.擊打硬度練習

【動作】

由警戒樁式開始，以拳擊打掛在牆上的帆布袋，或以弓步姿勢用指插沙盆。

【說明】

拳的運用不僅有速度和爆發力，還要提高拳面及腕、臂、肘的硬度，以促進技能的高水準運用。增強拳、臂硬度的練習要兩手交替。練習中要注意凝神斂氣，排除其他思慮，循序漸進，持之以恆，切不可急於求成。

在練習中，除了用拳或臂擊打沙袋、帆布袋外，也可以擊打木人樁，以增加硬度。初習時，用拳、臂、肘輕輕擊打，左右手同時進行，手臂內、外側均可擊打練習。每日可以練習數次並逐漸增加擊打次數，由輕到重地練習。開始階段，拳、肘容易腫痛，可用熱敷或其他有效方法護理，不必因此而中斷練習。

藉由硬度練習，可使拳、肘粗壯，肌肉堅硬，逐漸培養出拳、肘肌肉、骨骼的硬度和勁力，也增加了搏擊時的爆發力和穿透力。

第五節　截拳道身體姿勢的重心變換

身體姿勢的重心變換，主要述說手法的運用姿勢。以右腳在前的姿勢為例：練習者左手拳微抬高，前手可在體前輕微擺動。如果對手以直拳攻擊，練習者身體可稍右傾，立發右拳（即前手拳）擊打對手頭部或手臂、腰部，擋開對手攻擊。在攻擊時，身體有不可察覺的右側晃身動作，前腳移動踏地後，前手應收回，快擊快收，迅速恢復警戒樁式（圖76～圖80）。

圖 76

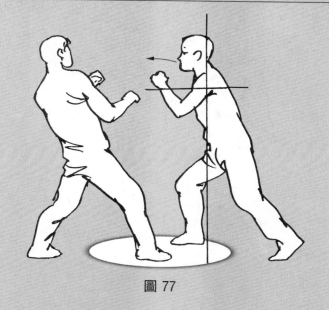

圖77

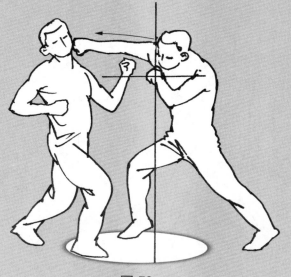

圖78

圖 79

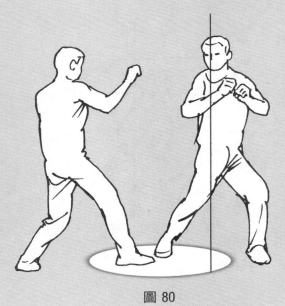

圖 80

在手法進攻動作中應注意：

● 後腿彎曲，有效控制身體重心；

● 拳的力量來自後腿，蹬於地，傳於膝，掌握身體的驟然擰轉和手臂的快速伸直；

● 身體重心移至前腳，在擊中目標前不偏離中線，前腳踏地，五趾扣地固定；

● 左肩不應鬆沉，左拳和左臂緊緊防護視線區域內的左側；

● 右臂適度放鬆，但放鬆不等於鬆懈。在後腳和擰轉腰髖力的結束時，右手突然發力，直奔目標；

● 在手臂伸直瞬間，拳眼向上，拳心向內側；

● 在擊中目標數寸前，手臂加速前伸，對準對手中線出拳，將攻擊意圖完整展現。

● 擊中目標後，右手快速收回，迅速恢復警戒樁式。

在整個練習中，腰部的擰轉為基礎。以腰為樞紐，快速擰腰，使肩、臂先於手而出，全身擰轉，將身體重量由一腳移向另一腳。這種以腰為軸的快速擰轉需要在訓練中認真體會。

要注意，身體前側的頭、肩、腰、膝、腳所形成的直線不能破壞，否則，發勁的力道也就隨即喪失。這是因為身體前側形成的直線構成很好的支點，勁力可以藉此發揮至極限水準。此外，還應掌握純熟的動作步驟，當你已達到這種水準時，在攻擊中甚至可以不向前踏步即可獲得衝擊力，從而較輕易擊倒對手。

「鬆非懈」應始終貫穿在樁式和技法運用中。肌肉過

於緊張，難以掌握有效的拳擊或腳踢所需的柔韌性以及對時機的判斷。保持身體適度放鬆，並提高時機的判斷力，將對攻擊時極為有利。

在這種狀態下，出拳時一般無須仰仗擺動手臂，而是放鬆肩、膀肌肉，前臂適度加以控制，在出拳擊中目標的瞬間，才緊緊握住拳頭，緊張肌肉，發揮腕、臂的力量，動作的彈性擊出和收回有益於迅速恢復警戒椿式。

第六節　截拳道手法捷要

手法捷要是指截拳道的手法在攻防和訓練中勁力如何發揮和運用的方法，以及上肢練功要領和對肢體的要求。

手

手由指、掌、掌根三部分組成。運用中有多種拳法和掌法，還有多種指法。無論拳法、掌法、指法，都是截拳道不可缺少的實用手法。它們各自特點不同，運用時機和效果不同，也各有長短優劣處。拳打擊目標時衝擊力較大，但卻不如掌伸得長，在攻擊的深度上沒有指戳得深，回手刁拿或摟手時，必將拳先化為掌才能施用，變化的速度稍慢。掌的變化較快，攻擊尺寸長，卻不如拳的衝擊力大，被對手刁拿機會也較多，一旦被對手擒住，有折斷的危險。指戳較為銳利，易攻擊對方危險部位，但是指節脆弱，容易受傷。因此，手法運用在搏擊中，為了較好地發

揮各自效率，特別強調必須敏捷快速，進攻時不要暴露意圖，在擊中目標時揚長避短，根據情況，決定是由拳還是由掌抑或由指發動攻擊，並盡量使其充分發揮。

腕

腕主宰著手法運用的變化，並連接手臂，將肘與臂的勁力傳輸到手上。因此，腕的運用一定具有剛柔的變換。動作中，既有柔韌性又有剛硬性。

臂

臂是肘關節以下至腕關節以上的部位。臂主宰著腕與拳的運用，其靈活的攻擊抖動，增加了手法的勁力。

肘

肘是連接手與肩的關節。在手法運用中既有沉墜之意，又有合的勁力，並隨時催促手的運用。肘是勁力含藏之處，手則是勁力的爆發點。

肩

肩的放鬆，有利於氣血暢通，有利於發力。運用恰當，可貫注勁力。訓練中，應學會勁力含蓄於肩部，避免上肢出現僵硬狀態。

胸

胸部的運用要含，含有助於呼吸暢通，有助於背的

拔，這樣能夠增加兩肩胛的勁力。含胸實際上是順著人體的自然形態去做，切不要故意造作，那樣效果反而很差。

勁力

對上肢練功的要求，是拳術的動作伸縮與身體的協調配合。這種協調是由中樞神經意念與意識所控制。意念和意識運用身體發揮的勁力，使拳達到拳非拳、拳即拳的境界。

第三章

截拳道的手肘技法

手法的運用不僅僅是擊中目標或擒住對手。手法出擊除準確、快速之外，還要強調手法的技巧，包括攻擊時的身體姿勢、位置、發招和收手路線以及發招的方法等。

手法包括肘法，是以傳統武術為基礎建立的，有其優點和獨特性。

第一節　拳　法

一、直　拳

【動作】

由警戒樁式起做前手直拳動作。身體適度放鬆，保持警覺，身體重心前移同時，以腳催膝，以膝催髖，以髖帶動腰部，以腰催肩；前手握拳，由中線向前彈性擊出和收回，動作突然，輕快、直接，收回手

圖 81

圖 82

圖 83

時迅速恢復警戒樁式（圖 81～圖 83）。

　　由警戒樁式起做後手直拳動作。身體適度放鬆，保持警覺，身體重心前移時，前腳踏地，後腳猛蹬，以腳催膝，以膝催髖，以髖帶動腰部，後肩前送；後手沿中線猛力擊出，動作連貫直接，以強烈而突然的

圖 84

圖 85

圖 86

彈性擊出和收回，迅速恢復警戒椿式（圖 84～86）。

　　由警戒椿式起做刺拳動作。身體適度放鬆，保持警覺，身體重心前移同時，手臂放鬆，猛然彈性由中線擊出，收拳時稍抬高手臂，接著下沉原位，迅速恢復警戒椿式（圖 87～圖 90）。

圖 87

圖 88

圖 89

圖 90

【說明】

直拳和刺拳為截拳道的基本拳法之一，也是施用次數最多的拳法。有資料認為截拳道的直拳沿自詠春拳中的日字沖拳，它既可攻，又可守，可在瞬間阻截對手的複雜攻勢。如果右腳在前，右手、右腳便成為主要攻擊部位，因為這樣離對手較近，而右手、右腳動作力度較大，又比較靈活。

前手直拳是速度最快的拳法。出拳時身體姿勢的平衡變化節奏小，充分展現了兩點間直線最短距離的原則。

直拳需要以各種手法、各種角度的攻擊來加強效果，這並非否定以某個固定的角度攻擊，但它的最佳狀態是能從四面八方、各個有利的角度、時機發動進攻。攻擊中，並非全憑手擊打目標，而應是渾身上下都是手。不僅僅是利用手腕的力量，還要利用手臂做傳導，由眼、肩、腰等傳送勁力。

截拳道中的防護動作，主要是用後手來進行，即後手防護。前手出拳時，後手並非閑置於腰部，而是輔助前手，使前手攻擊時後手進行最有效的自我防護。如果以前手擊打目標，後手則稍抬高一些，以防護對手對己方上段的攻擊，同時，還要配合前手，準備進行連續的擊打。

前手以直拳或其他手法攻擊時，要經常改變頭部的位置，頭隨手變，以增強防守能力。拳剛擊出時，頭部依然保持原來姿勢，在擊出數寸後，就得隨勢而

改變了。頭部動作要順應自然，不必刻意強求擺動幅度等。為了減少對手的反擊，出拳時要盡量先用假動作。但假動作和頭部的晃動不能過分，動作應盡量簡練，恰到好處即可。

前進移動時，在前手尚未接觸目標之前，前腳不應落地，否則的話，身體在擊中對手前就難以再前進了，動作也就失去了靈活性。擊打中，利用後腳踏地前撐，可以增加擊拳力量。

前手必須靈活，不能僵硬，應使手微微晃動，以干擾對手的視線，前手刺拳尤其需要這樣做。

後手直拳攻擊的目標為人體中線的要害部位，以配合前手的刺拳攻擊。後手直拳攻擊的勁力甚強，可以借助身體的扭動獲得更大的力量。運用後手直拳攻擊時可以有效地降低對手的防護能力，即使用來擊打身材高大的對手也有明顯效果。

前手刺拳只作為試探性攻擊運用手段，是一種戰術性打法。作為其他拳法的基礎打法，它用力不大且十分奏效。在為其他拳法做引拳時，既能制敵於先，還可格擋對手上肢突然發起的攻擊。

前手刺拳的優點是不易改變身體平衡，適合可攻、可守，攻守合一的拳理。用前手刺拳攻擊時，可使對手失去平衡，為重擊對手做好鋪墊。前手刺拳在防護時，可以有效阻截對手的攻擊，多頻率地滑步進身，在對手企圖向自己出拳時，以快速的前手刺拳擊打對手面部，破壞其攻擊意圖。

　　刺拳並非由推而出之拳。收拳時位置應稍高些，保持拳位，以彌補後手防護中的缺陷。在手臂放鬆並收拳時，下沉恢復原警戒樁式。收回是彈性收回，而不是拉回腕部動作，應在勁斂之際順勢自然收回手。施用前手刺拳時，必須注意下頦內收，兩肩隨時注意保護下頦部位。

【要領】

- 姿勢正確，動作幅度小，體能消耗降低；
- 樁式姿勢，時刻保持警覺性；
- 適度的放鬆和肌肉的緊張度緩和；
- 出拳時身體動作幅度要小；
- 擊出的拳稍內旋，並配合身體重心移動；
- 髖部動作，以兩腳掌為轉動支點；
- 身體向前時，動力來自後腳；
- 出拳時後腳跟抬起，身體重心移向前腳；
- 稍屈膝，在抬腳瞬間逆時針方向擰髖；
- 身體重心必須穩重；
- 擊拳之後，應恢復右腳在前的警戒樁式。

【訓練方法】

（1）拳法練習

　　訓練時左右手同時進行，訓練次數以 100～300 次為 1 組。

　　練習時在教練員指導下，糾正錯誤的動作習慣。若無教練員指導時，可在鏡子的幫助下進行技術缺點的糾正。

配合步法練習拳法，練習 3～5 分鐘為 1 組。

嘗試練習肘法、膝法和腳踢法。練習 3～5 分鐘為 1 組。

（2）器械練習

①速度球。警戒椿式，以單手或雙手連續擊打速度球。隨著技術的熟練，再結合步法、戰術和其他技術訓練。訓練時間長短根據情況決定。著重訓練出拳速度、控制能力、時機的把握等（圖 91、圖 92）。

圖 91

圖 92

②紙靶。警戒樁式，以單手或雙手擊打與頭或肩的位置同高的紙靶，以意念引導欲擊碎紙靶。培養靜止中的出拳和移動中出拳的能力，隨著練習的深入糅進其他技術及戰術（圖93）。

③牆壁袋。警戒樁式，以單手或雙手擊打固定在牆壁上的帆布袋，鍛鍊出拳的力量和硬度，增強腕、臂的爆發力（圖94、圖95）。

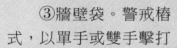

圖 93

圖 94

圖 95

④沙袋。警戒椿式，以單手或雙手擊打較輕的或更重的沙袋。先以椿式靜止中擊拳，漸漸變為移動中出拳擊打沙袋，具體練習方法可由自己決定。練習時間為3分鐘1組（圖96、圖97）。

圖 96

圖 97

⑤拳靶。警戒椿式，以單手或雙手擊打助手所持拳靶，助手可變換拳靶角度及距離，練習者要掌握出拳技術的正確性和快速擊拳的準確性（圖98、圖99）。

圖98

圖99

【實戰運用】

由警戒樁式起打直拳。當對手右腳在前時，我方以前手假動作引誘對手露出破綻，同時右腳向前邁出，快速擊出右拳。對手揮手迎住我方的右手拳，此時我的右手已擋住了對手的視線，緊接著我方連出左手直拳，猛擊對手面部（圖100～圖102）。

圖 100

圖 101

圖 102

　　由警戒樁式起打直拳。對手左腳在前時，我方以右手干擾對手視線，對手以左手企圖攻擊時，我方突然出左手拳攻擊對手頸部（圖 103～圖105）。

圖 103

圖 104

圖 105

　　由警戒椿式起打直拳。對手右腳在前時，我方以縱深佯攻，迫使對手阻截，這樣對手身體防護的破綻便露出來，同時我方身體重心下落，猛然揮出左手直拳，擊打對手胸、腹

圖 106

部位，並注意低頭靠近肩部，以防對手反擊（圖106～108）。

圖 107

圖 108

圖 109

　　由警戒樁式起打直拳。對手左腳在前時，我方並不做縱深突破進攻，而是以右手向對手面部虛晃，同時跨步接近對手，在對手作出反應時，我方突然擊出

圖 110

圖 111

左手直拳，擊打對手胸、腹部位。應注意在左手攻擊
時，右手應有效防護自身各部位，以備對手反攻（圖
109～圖 111）。

由警戒椿式起打直拳。對手右腳在前時，我方前踢對手面部，對手後撤，我方快速移動，猛然以右手直拳擊打對手腹部（圖112～圖114）。

圖 112

圖 113

圖 114

　　由警戒樁式起打直拳。對手左腳在前時，我方以前手刺拳佯攻，並接以低位側踢對手膝部，對手的防護被破壞時，我方再以右手直拳猛擊對手面部（圖115～圖 119）。

圖 115

圖 116

圖 117

圖 118

圖 119

二、擺　拳

【動作】

由警戒樁式起做前手擺拳動作。身體適度放鬆，保持警覺，身體重心前移時，前腳踏地；以前腳為支撐點，後腳蹬地，擰腰轉髖；前臂、腕部放鬆借身體

圖 120

圖 121

圖 122

扭轉向前猛然弧線擊向中線。收手時迅速恢復警戒樁式（圖120～圖122）。

　　由警戒樁式起做後手擺拳動作。身體適度放鬆，保持警覺，身體重心前移時，前腳踏地，以前腳為支撐點，後腳蹬地，擰腰轉髖送肩；後手凝聚拳力，腕臂放鬆以猛然之力，向身體前方弧線擊向中線，並迅速恢復警戒樁式（圖123～圖125）。

圖 125

圖 124

圖 123

由警戒椿式起做前手擺拳動作。身體適度放鬆，保持警覺，前腳前移 7.5 公分，同時身體重心前移，前腳踏地，以前腳為支撐點，後腳蹬地，擰轉腰髖送肩，右手凝聚拳力，腕臂放鬆，以猛然之力，向前方弧線擊向中線，並迅速恢復警戒椿式（圖 126～圖 128）。

圖 126

圖 127

圖 128

由警戒樁式起做後手擺拳動作。身體適度放鬆，保持警覺，前腳前移 7.5 公分，同時身體重心前移，控制前半身，以前腳為支撐點，後腳踏地，擰轉腰髖送肩，左手凝聚拳力，向身體前弧線下段擊向中線，並迅速恢復警戒樁式（圖 129、圖 130）。

【說明】

　　截拳道運用擺拳的技術比較少。

圖 129

圖 130

在拳擊運動中，擺拳是指弧度比較大的平勾拳，拳頭是以拋物線軌跡擊向目標，此動作預兆大，速度慢，是依靠蠻勁的打法。

截拳道在技擊中盡量不使用拳擊運動的擺拳。這是因為拳擊運動中的擺拳離開了截拳道的中線原理，而中線原理恰恰是傳統武術主張的精粹所在，使用擺拳不慎，身體中線就會露出防護破綻，容易遭到對手攻擊。

截拳道中的擺拳不同於拳擊運動中的擺拳自有它的原因，當然不排除其中也有自己的一些保守觀念。比如，做擺拳時使後肩充分露出，肘部外凸，這樣做也容易被傳統手法擊中。為了避免這些麻煩，截拳道中的擺拳擊出的弧線非常小，幾乎等於直拳方式。這樣一來，拳出擊的位置就不會離開自身的中線。截拳道中的擺拳動作，只是在中間距離轉折了一個很小的角度，在施用時幾乎成了一個模糊性直拳方式。它充分利用了中線，並沿襲了傳統武術的一些訓練手法。

擺拳出拳或收拳時，兩手的姿勢基本不變，前手防護肩部，後手防護胸前部位，以準備第二次攻擊。一手攻擊時，另一隻手必須準備第二次的攻擊和防護。擺拳也是攻破對手防線的拳法。

利用身體的擰轉腰髖和擺動肩部，使擺拳成為力量型打擊手法。在擊打目標的瞬間，手腕和手臂猛然放鬆，以凝聚攻擊的力量。

發起攻擊時，擺拳應隱蔽出擊，否則易為對手察

覺而躲過，並會受到對手直拳的強力阻擊。

擺拳攻擊一旦擊空，應注意身體防護露出的缺陷，故運用時須小心謹慎。出拳時，不能露出預兆，不讓對手猜透我方的攻擊意圖，借助擰轉腰髖之力，快出快收。

出拳時，如果身體平衡保持得不好的話，則不利於前手的再次攻擊。如果對手快速躲閃開擺拳的攻擊，我方最好再施用前手攻擊，這是輔助擺拳擊空時的一個好辦法。因此擺拳出拳時，平衡問題就顯得格外重要了。

後手擺拳攻擊距離較長，如果出拳落空，身體防護的空門就暴露出來，易被對手反擊，故運用時應注意協調。

擺拳力量比較大，可擾亂對手的防護，若能擊中對手中線部位神經密集處，則會破壞對手進攻。

由於擺拳對保持平衡的要求特別高，須與其他拳法配合使用，方能奏效。運用中還必須把握時機，出拳過早或過遲都會在擊打中失去目標。

運用擺拳時也可以避開對手中線，擊打其下頦或頭部，破壞對手的防護。

【要領】
● 理解擺拳的作用及特點，認真體會動作細節；
● 訓練應循序漸進，不可貪快，急於求成；
● 把握動作順序、動作路線、著力部位；
● 適度放鬆身體和保持警覺，利於動作快速完

成；

- 練習中，以快速和準確為首選要求；
- 注重速度，力量則為次要；
- 出拳直接發向目標，無須有任何預兆；
- 肩部在出拳時肌肉放鬆，拳應稍走弧線；
- 弧線擊向目標時，根據情況決定攻擊角度；
- 利用腳蹬地，擰轉腰髖、帶動肩的節奏；
- 未到目標之前，前手和腕、臂放鬆不凝力；
- 擊中目標的瞬間，腕、臂肌肉緊張，拳要握緊；
- 身體稍右轉是為協助右臂用力，形成出拳時所需的有利姿勢和臂的有效擺動發揮；
- 後腳配合出拳的扭轉；
- 身體重心移至前腳時，要穩定前半身重心，以前腳為支撐點，提高後半身的擰轉之力；
- 體會前後手擺拳時身體各部的感覺；
- 在熟練基本動作方法的基礎上，增加訓練難度。

【訓練方法】

（1）拳法練習

做好準備活動後，即可進行擺拳訓練。

訓練次數以 100～300 次為 1 組，左右手交替進行。

在教練員指導下，認真完成訓練，有條件時，可在助手配合下完成。

為較快適應實戰搏擊需要，應在正確掌握基本技術後，嘗試結合其他拳法、步法、踢法進行戰術訓練，以促進拳法的綜合運用。

（２）器械練習

　　①擊牆壁袋。有前後手連續擊打牆壁袋，練習準確的出拳擊打距離。３分鐘為１組（圖131～圖133）。

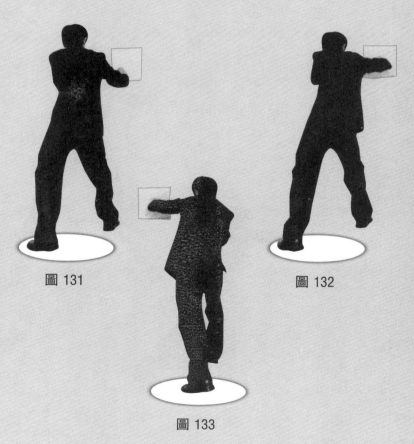

圖 131

圖 132

圖 133

②打沙袋。用擺拳擊打沙袋，沙袋用中型的即可。擊打中注意動作的隱蔽性。應將沙袋視為對手，注意出拳用力部位，擊出之拳應充分接觸沙袋。練習3分鐘為1組（圖134、圖135）。

③擊拳靶。拳靶練習培養訓練者準確、迅速的出拳動作，把握精準的出拳時機和距離。練習3分鐘為1組。

圖 134

圖 135

【實戰運用】

由警戒樁式起打擺拳。對手左腳在前時，我方以前手刺拳佯攻對手面部。對手抬臂進行防護時，我方移位，後手擺拳，突然擊打對手頭部（圖136～圖138）。

圖 136

圖 137

圖 138

圖 139

由警戒樁式起打擺拳。對手右腳在前,並以前手揮擊我方時,我方快速移動,後手抬臂格擋對手攻擊

圖 140

圖 141

的手臂，同時近身擺拳，猛擊對手面部（圖 139～圖
141）。

圖 142

圖 143

　　由警戒樁式起打擺拳。對手左腳在前，並以擺拳
擊打我方時，我方移動閃躲，同時前腳軋踏對手膝
部，對手身體下俯躲閃時，我方緊接著以前手擺拳猛
然揮擊對手頭部（圖 142～圖 144）。

圖 144

圖 145

　　由警戒樁式起打擺拳。對手以右腳在前，並以前手攻擊我方時，我方抬臂格擋，並低段側踢對手腹部，當對手俯身躲閃時，我方再以前手擺拳快速反擊（圖 145～圖 147）。

圖 146

圖 147

　　由警戒椿式起打擺拳。對手左腳在前時，我方前手佯攻對手，緊接著以後手直拳連擊對手。當對手移

圖 148

圖 149

動閃躲時，我方快速移動，以前手擺拳猛然擊打對手
頸部（圖 148～圖 151）。

圖 150

圖 151

　　由警戒椿式起打擺拳。對手右腳在前時，我方移位，揮手佯攻對手中段；對手前手下落防護，我方突然後手擺拳擊打其頭部，對手反應閃躲時，我方緊接

圖 152

圖 153

　　著以前手擺拳攻擊其面部（圖 152～圖 154）。

　　　由警戒樁式起打擺拳。對手左腳在前，並以前手揮擊我方時，我方在以後手格擋的同時，移步，前手

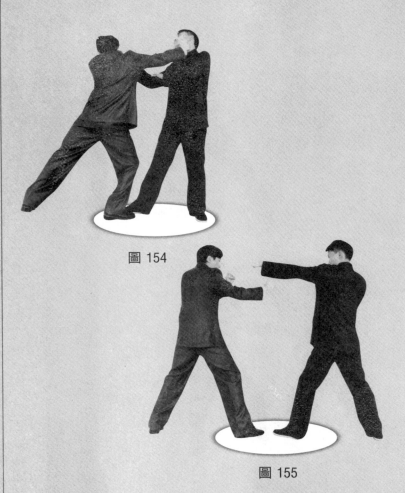

圖 154

圖 155

擺拳擊打對手面部；對手後閃時，我方緊接著以前腳
前踢對手腹部（圖 155～圖 157）。

　　由警戒椿式起打擺拳，對手右腳在前，並以前手
揮擊我方時，我方抬頭阻擋，前腳突然踢擊對手前手

圖 156

圖 157

臂；當對手手臂下落時，我方移位，前手直拳猛擊對手面部，緊接著以後手擺拳攻擊其頭部（圖 158～圖 160）。

圖 158

圖 159

圖 160

三、勾　拳

【動作】

由警戒樁式起做前手上勾拳動作。身體適度放鬆，保持警覺，前手屈臂，自然下垂，擰轉腰、髖；前手握拳，沿弧線向身體前中線上方擊出，迅速恢復警戒樁式（圖 161～圖 163）。

圖 161

圖 162

圖 163

　　由警戒椿式起做後手上勾拳動作。身體適度放鬆，保持警覺；身體重心前移，後手屈臂，自然下垂，擰轉腰、髖，後手握拳，沿弧線向身體前中線上方擊出，迅速恢復警戒椿式（圖164～圖166）。

圖164

圖165

圖166

　　由警戒樁式起做前手平勾拳動作。身體適度放鬆，保持警覺；身體重心前移，前腳跟抬起，自如地向外轉動；前手臂自然屈臂上抬，上體稍左轉，前手握拳，沿弧線向身體中線前平擊出，迅速恢復警戒樁式（圖167～圖169）。

圖 167

圖 168

圖 169

　　由警戒樁式起做右手平勾拳動作。身體適度放鬆，保持警覺；身體重心前移，前腳跟抬起，自如地向外轉動；後手臂自然屈臂上抬，上體稍右轉，後手握拳，沿弧線自身體前中線平擊出，迅速恢復警戒樁式（圖170～圖172）。

圖 170

圖 171

圖 172

【說明】

截拳道中的勾拳運用，要盡量減少不必要的動作，動作的弧度以能充分發揮勁力即可；如果弧度偏大，手肘會開得過大，容易做成擺拳動作，因此，做勾拳時必須保持屈肘的屈度。

勾拳擊打的目標中為太陽穴、面部、下頦、腹腔神經叢等部位。

配合直拳做引手動作。要盡量接近對手，近距離施展勾拳的擊打能力，特別是對頸部和下頦的攻擊效率。

動作中應放鬆、自然，要有彈性地出拳，勿使弧形過大，應將其作為一種反擊或者補充打擊的手法，主要用於近距離進攻，以對付企圖接近自己的對手。

勾拳在作為戰術性打法時，要求動作快速直接。可先做出不過分的佯攻動作，進而採用勾拳手法擊打對手。

勾拳的手臂揮動是身體轉動的結果。在身體擰轉腰髖而帶動肩部轉動時，必須隨之使手臂快速轉動。在實際運用中如果動作突然的話，前揮的手臂就會彈性地向前擊出。在上身扭轉以配合步法出拳時，動作應當隱蔽，以避免動作被對手察覺。出拳或收拳時，均須保持自我防護並隨時發出反擊的姿勢。

不要在出拳之前將手臂後收或下垂，否則就會暴露出自己反擊的意圖。在出拳之前手略回抽是為了出拳更有力量，但實際上這個動作是沒有必要的，若能

巧妙地運用步法，是能夠產生足夠的力量的。

在出拳時，可將前腳腳跟抬起，以保證身體能夠靈活轉動，身體的重心應從出拳之手的一側移至另一側。採用前手勾拳時，必須以跨步跟上，以確保擊中目標，後手應抬高，以防護自己的面部，後手肘應保持在身體側面。

為迷惑對手，勾拳應從警戒樁式出拳，並在完成出拳擊打後又迅速恢復警戒樁式。在此過程中，要善於變化，不斷地以不同的手法，從對手認為極不可能的角度發起攻擊。

欲用刺拳或佯攻招數趨近對手的話，出拳姿勢不宜過低和過於靠後，下肢則應配合步法的運用。若以勾拳擊打對手下頦時，肩應保持高抬之位，以獲得最大的槓杆效用。

出拳動作不應使肌肉過於緊張。正確的動作是前臂的位置和方向適當，盡量使肩、臂放鬆。為使勾拳發揮出最大的效果並且在攻擊中牢牢控制住身體重心，應將動作幅度盡量降低。身體在動作時不應過分前傾或前斜，否則會使出拳變成推出動作，而勾拳如果過於向外勾的話，就會變成掄拳，這都是不正確的姿勢和動作。因此，動作一定要做得緊湊、直接和快速。發起攻擊的瞬間動作緊湊，前臂和拳連為一體，不可彎曲，使臂、手變得更加堅硬，從而有效地實現雙手連續攻擊。

施用勾拳進行突然擊打時，最困難的是攻擊時能

否完全控制住身體的重心平衡，然後快速猛烈地完成攻擊動作，手肘攻擊時彎曲度適度加大，攻擊時的勁力也會相應加大。

勾拳是用於對付比較機智靈活的防護對手的，我方施用勾拳技術可以較有效地突破對手的防線，或者迫使對手不得不改變其擅長的防守模式而採用其他較為被動的戰術，從而由強大壓力迫使對手的防線被打破。在前進或後退時運用勾拳，效果也比較理想。如果對手身體前探，揮手直擊或掄拳進攻，使用勾拳以對付之，效果也是很明顯的。

勾拳經常配合側步自然出拳。在我方斜向移動時，所面對的方向是有利於實施勾拳進攻的，當對手做側步時，勾拳也同樣適用擊打對手。如果採用前手勾拳直接攻擊對手，對手一般不易避開，而用來進行反擊則更為有效。因為勾拳屬於近距離手法，當對手貼近我身時，便是實施勾拳攻擊最好的機會，我方可以首先以直拳進攻，配合步法的變換，接著便進行勾拳攻擊。

前手勾拳在近體對抗中是十分有效的。我方用前手勾拳攻擊時，首先由側方而入，也就是從對手視野的邊緣或視野以外出拳，動作比較隱蔽。此外，它可以配合直拳攻擊，繞過對方防守，在對手被我直拳攻擊擾亂時，成為更有效的一種攻擊形式。

在遭遇近戰中，特別是在我方擺脫對手，或者對手欲脫離對抗時，後手勾拳便派上用場，充分施展可

以牽制對手，使其無法使用前手勾拳。

縱然直拳在中距離的對抗中比較實用，但勾拳在中距離對抗中也可以充分施用，用以對付正在阻截、躲避或反擊直拳的對手。在實戰中，應經常變化打法，打擊對手的位置應由高到低，或由低到高，打法不能單一不變，應訓練從單一的打法到復合攻擊。

近距離出拳時，應向出拳手的相反一側迅速低下身體，這時前腿應適當彎曲，使肩部與欲擊打的對手要害部位處於同一水平，後腳腳趾張開扣地，以保持平衡，防護手不應離開面頰兩側。

勾拳在手法訓練與運用中較難掌握，初學者往往容易混淆勾拳與擺拳的區別，因此，必須刻苦反覆實踐體會，除此別無捷徑。

搏擊中，以勾拳攻擊對手的身體具有很大的傷害力，身體軀幹是比較容易打擊的目標，因為軀幹面積比頭部大，也不太靈活，防護不易。

【要領】

● 保持正確的警戒樁式，身體適度放鬆；

● 理解勾拳動作目的、作用和特點；

● 必須善用身體的慣性來克服阻力；

● 避免做勾拳動作前身體僵硬，做多餘動作、情緒緊張等；

● 力求在動作準確的基礎上追求動作的速度、變化和勁力；

● 培養高度的時機感和距離感；

● 控制意識在練習中的影響，避免動作單調、枯燥；

● 細心體會動作；

● 將慣性動作減少到最低限度；

● 動作幅度不能過大，應輕鬆、突然地完成；

● 力量來自身體的擰轉，前腳支撐應穩固，身體重心從後腳移至前腳，後腳蹬地，擰轉腰、髖，將轉體之力迅速傳於手上；

● 出拳時手臂放鬆，以肘為支點，肘部保持較大彎曲度；

● 手臂的揮動應由身體擰轉所帶動。

【訓練方法】

（1）拳法練習

進行勾拳練習，須注意手的擺放位置，不能後收，並注意身體姿勢。要遵照教練員的提示，積極配合訓練。

練習100～300次為1組。

掌握正確技術後，再配合其他手法訓練，並結合踢法、步法和戰術進行攻防訓練。

（2）器械練習

①沙袋。勾拳練習所擊打的沙袋以輕型的為好。由警戒樁式擊打沙袋，應注意動作隱蔽、注意手與沙袋的接觸點（圖173～圖176）。

圖 173

圖 174

圖 175

圖 176

②梨形球。由警戒樁式擊打梨形球，以提高練習者上肢的靈敏、協調性。掌握基本動作後，可進行突然出拳和連續出拳練習。

練習3分鐘為1組。

③拳靶。在助手配合下，由警戒樁式進行擊打拳靶練習，訓練勾拳運用的準確性、速度及變化。

練習3分鐘為1組。

【實戰運用】

由警戒樁式起打勾拳。對手以左腳在前時，我方重心下落，使身體稍微下蹲，佯做後手攻擊；對手下落前手做攔擋動作。此時我方快速站立，猛然以前手勾拳擊打對手頸部（圖177～圖179）。

圖177

圖 178

圖 179

由警戒樁式起打勾拳。對手以右腳在前，並以前手戳擊，攻擊之後收手時，我方跨步進身，身體重心移至另一腳，以前腳掌為軸轉動髖部，前手勾拳猛然擊打對手面部（圖180、圖181）。

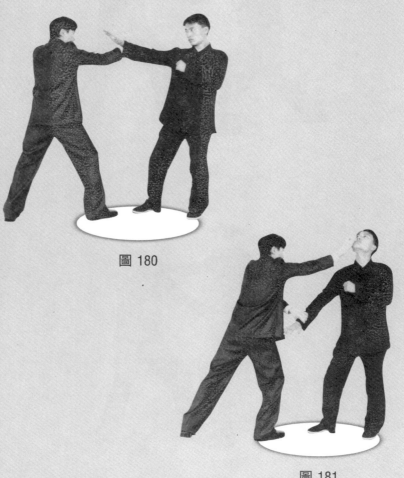

圖 180

圖 181

由警戒樁式起打
勾拳。對手以左腳在
前，並迅速撲向我
方，企圖以膝衝擊。
我方快速移動，前手
勾拳猛然擊打對手腹
部或下頦（圖 182～
圖 184）。

圖 182

圖 183

圖 184

由警戒樁式起打勾拳。對手以右腳在前時，我方以前手揮擊對手，對手躲閃時，我方移動適當距離，前腳抵住對手前腳，前手勾拳快速攻擊對手頸部，在

圖 185

圖 186

對手搖晃不穩時，我方再緊追以後手勾拳擊打對手頭部（圖185～圖188）。

圖 187

圖 188

由警戒樁式起
打勾拳。對手以左
腳在前，並以後手
勾拳進攻，我方前
手下落阻擋，對手
後手又向上擊出
時，我方前手臂上
抬阻擋，緊接著追
以後手勾拳攻擊對
手頭部（圖189～
圖191）。

圖 189

圖 190

圖 191

由警戒椿式起打勾拳。對手以右腳在前，猛然撲向我方。我方快速移動，前手勾拳擊打對手面部。對手移閃時，我方低段側踢擊對手腿、膝（圖 192～圖 194）。

圖 192

圖 193

圖 194

　　由警戒樁式起打勾拳。對手以左腳在前，並以前手攻擊我方。我方前手抬起阻擋，同時快速移動，後

圖 195

圖 196

手勾拳攻擊對手頭部。對手後撤瞬間，我方突然起腳前踢對手腹部（圖 195～圖 198）。

圖 197

圖 198

四、背　拳

【動作】

由警戒樁式起做背拳動作。身體適度放鬆，保持警覺，身體重心前移；同時，後手稍向下移動，張開手指撐掌；前手以肘為支點自下向上猛然擊向中線，然後迅速恢復警戒樁式（圖 199～圖 201）。

圖 199

圖 200

圖 201

由警戒椿式起做背拳動作。身體適度放鬆，保持警覺，前腳前移 7.5 公分，身體重心前移；後手稍向下移落，手張開撐掌；前手以肘為支點，自上而下猛然擊向中線，然後迅速恢復警戒椿式（圖 202～圖 204）。

圖 202

圖 203

圖 204

【說明】

截拳道的背拳，資料中也有稱翻背拳、反背拳。由於其主要用拳背砸擊或捶擊，故稱之為背拳。它是搏擊中突發性的手法打法之一。

如果時機判斷準確，出拳快速、準確、隱蔽，則輕易不會被對手察覺。應在樁式中，兩手放鬆垂於體側，自然地出拳。當對峙雙方處於一種非對抗交戰狀態時，背拳可作為突發性的攻擊手段，給對手造成措手不及的打擊。

背拳擊打時的速度和力量都稍遜於其他拳法。它在動作中不能同時借助身體的整體運動，卻可以在出拳時以肘部為支點，充分運用手臂抽擊和手腕發力進行擊打。因為背拳不是直擊，而應像擺動一樣擊打、意味著在出拳中可以施以更大的擊打力量。

另外，手腕有比較大的靈活性和動作的自由度；不僅可以做上下擺動，還可以左右擺動，可以增強揮拳擊打的力度。

攻擊時，動作應自然、輕巧，並配合腰髖部的輕微動作。前手臂不僅要靈活，還要盡量放鬆。在拳面或拳背接觸目標的瞬間，手臂應猛然發力，此時，肌肉適度緊張，以增加出拳鞭打的效果。應當有彈性地出拳和收拳。做動作時，後手稍向下移，以防備以手起腳或向我方頭部及身體其他部位發動攻擊，稍向下移的後手手掌張開，用以防護格擋。

背拳一般攻擊目標為頭部。為增強擊打效果，可

結合摟手或擒拿手法，來彌補擊打力量的不足。

背拳擊打時應從肩部的高度發出，由肩至腰的這一段位置均可任意出拳，只要動作隱蔽，這種突然性攻擊的效果是比較好的。

在搏擊對抗中，應抓住或抵住對手，使對手的身體某一部分無法活動，從而掩護自己充分利用背拳擊打對手。背拳還可用作反擊和閃避的方法。

當然，在實戰中，不僅僅是用手法來牽制對手。在手做出造成對手反應能力降低，或迫使對手過早躲閃而失去控制能力的動作時，腳同樣也可以用來牽制對手的腳，預防對手起腳攻擊。

在刁抓對手時應注意自我保護或採用其他防護技能，並要始終保持動作的緊湊性。

對手被抓住又掙脫時，應做好阻截打擊與有提前量的打擊防備。

【要領】

● 注意訓練中動作的路線、步驟和著力位置；

● 適度放鬆身體，保持實戰警覺，養成嚴密注視對手的習慣；

● 允許身體助出拳發力，但切不可因之而使身體僵硬，鍛鍊控制時間、把握機會的能力。

● 以肘為支點，充分施展手臂抽擊的彈性以及手腕猛抖發力的方法；

● 動作時培養隱蔽、突然；

● 後手下落高度要適當；

● 出拳時注意膝部隨時保持適度彎曲，而不應完全伸直，以便借助腳踏地的彈性，增加擊打勁力；

● 擊中目標的一瞬間，手臂和手腕加速度的動作要密切配合，還應有一定的腰髖扭轉助力動作；

● 精神和動作技術的協調合一。

【訓練方法】

（1）拳法練習

由警戒樁式起做正確的拳法練習動作，練習中注意體會技術要領。

練習 100～300 次為 1 組。

由警戒樁式始，以背拳和其他手法結合練習，假想與對手進行攻防搏擊，用背拳及其他手法攻擊假想對手，把握動作要點。

在技術熟練的基礎上，配合以各種手法、擒法或步法、戰術的練習並逐漸形成最適合自己的訓練方法。

練習時間及次數根據情況自己決定。

（2）器械練習

①紙靶。由警戒樁式起擊打與頭部同高的紙靶。練習由原地出拳過渡到移動出拳，並結合其他技法進行練習。

練習 3 分鐘為 1 組。

②彈性帶。由警戒樁式起，兩手各繫一條彈性帶，進行拳法練習，訓練背拳出招的彈性以及快出快收動作（圖 205、圖 206）。

圖 205

圖 206

【實戰運用】

　　由警戒樁式起打背拳。對手以左腳在前時,我方突然移動並向對手接近,用前手抓住對手前手臂,前腳抵住對手左腳,快速靠近對手,同時兩手交換位置,前手背拳猛擊對手頭部,後手將對手拽拉住,給對手以致命打擊(圖 207~圖 209)。

圖 207

圖 208

圖 209

由警戒樁式起打背拳。對手以右腳在前並以前腳踢打時，我方快速移動，軋腳踩踏對手起踢之腳，前手虛晃對手面部。當對手抬手阻擋時，我方後手猛抓

圖 210

圖 211

對手手臂而牽制對手，接著快速以前手背拳攻擊對手頭部（圖210～圖213）。

圖 212

圖 213

由警戒樁式起
打背拳。對手以左
腳在前時，我方移
位近身，前腳前踢
對手腹部。當對手
後撤閃避時，我方
前手扭住對手手
臂。對手用後手揮
擊，我方快速換
勢，擒住對手手
臂，用前手背拳猛
擊對手面部（圖214～圖216）。

圖 214

圖 215

圖 216

由警戒樁式起打背拳。對手以右腳在前，突然撲向我方時，我方快速移動，後手猛抓對手前手臂，同時我方前手配合，跨步背拳猛烈捶擊對手頭部。對手後仰閃躲時，我方擒住對手手臂，後腳提膝突擊對手腹部（圖217～圖219）。

圖 217

圖 218

圖 219

五、掄　拳

【動作】

由警戒樁式起做掄拳動作。身體適度放鬆，保持警覺，身體重心降低，兩腿彎曲；前手握拳屈臂，擰轉腰髖，快速以弧線擊向中線；出手時身體重心移至後腿上，兩腿在出拳後可伸直，再恢復警戒樁式（圖220～圖222）。

圖 220

圖 221

圖 222

由警戒樁式起做掄拳動作，身體適度放鬆，保持警覺，身體重心降低，兩腿彎曲，後手握拳屈臂；同時，擰轉腰髖向中線揮出，揮出後手時身體重心移至後腿上，迅速恢復警戒樁式（圖223～圖225）。

【說明】

截拳道的掄拳一般用在近距離對抗搏擊中。這種打法前後手均可運用，也可作為使用其他技法時補充的打擊手法。

圖 224

圖 225

圖 226

在對手遠距離戳擊並直立衝過來時，幾乎用不上掄拳打法，但對手如果低頭衝來並揮動拳頭的時候，那就要採用此類打法了。

對付右手在前的對手，我方用前手上擊時，左手（後手）應抓住對手右臂；施用後手上擊時，右手（前手）應收回，以保護頭部，防備對手的反攻。左手打擊時位置應稍低些。

掄拳作為一種配合進攻手法，運用時也比較特殊。攻擊時應準確把握時機、距離，以便在對抗中以使對手意想不到的狀況下突然出拳。

始終保持沉著冷靜，仔細觀察對手動作，伺機出拳攻擊。

攻擊中應以全面擊潰對手為目標，攻擊一旦展開，應使用全力打擊對手，不要因有顧慮而有所保留。

出拳後，身體前移時，身體姿態應往前傾，加強防護，以避開對手的攻擊。

近戰中，須靈活移動，接近對手，兩腿應屈膝，後腳腳尖可配合動作適當外展，以利於身體的平衡控制。

掄拳擊打可稱作本能的攻擊手段，不需任何修飾，在遭到對手進攻時，可以憑借下意識的反應而揮手攻擊。

【要領】

• 首先理解動作目的、作用和技術特點；

• 保持身體放鬆，以利於出招效果的最大化；

● 由慢到快練習，逐步提高技術，不可急於求成；

● 避免身體在做動作時僵硬、緊張，出現多餘動作；

● 體會出拳路線，拳勁之力直達拳面、拳背；

● 注意腰和髖的合勁；

● 強化動作的彈性，做到快出快收；

● 出拳時兩腿屈膝，擊打之後可撐直；

● 留意身體重心在出拳中的移位；

● 由警戒樁式開始並結束。

【訓練方法】

（1）拳法練習

由警戒樁式開始，在做好準備活動後進行，練習至可以隨心所欲地運用掄拳技術為止。

練習100次為1組。

由警戒樁式開始，掄拳也可以配合其他手法練習，培養遭到攻擊時的本能反應，訓練使自己的出拳運用自如。

練習3分鐘為1組。

（2）器械練習

①沙袋。由警戒樁式開始，擊打輕型沙袋，將沙袋視為對手，動作快出快收，並注意手與沙袋接觸時的勁力。

練習3分鐘為1組。

練習次數也可以根據情況自行設定。

②梨形球。由警戒樁式開始擊打梨形球，對提高訓練者的速度、動作控制能力和時機等有重要幫助。初期擊打梨形球時，可能會不太適應，但堅持練習一些日子後，會感到這種訓練使動作變得更加輕巧、靈活。

練習 3 分鐘為 1 組。

③拳靶。由警戒樁式開始擊打助手手持拳靶，培養訓練者準確、快速地出拳，並且提高其對動作時機、距離等的把握。

練習 3 分鐘為 1 組。

④木人樁。由警戒樁式開始練習擊打木人樁，有助於提高技術訓練的效果及掄拳擊打把握距離的能力。擊打木人樁時要注意控制距離，開始訓練時不要太用力出拳擊打。

結合其他手法擊打木人樁，練習單一手法或突變的連續手法，在訓練中逐漸結合步法、踢法、戰術擊打木人樁。一旦熟練掌握，也可以嘗試尋找適合於自己的訓練方式。

練習次數及時間可由自己決定。

【實戰運用】

由警戒樁式起做掄拳動作。對手以右腳在前時，我方突然直線近身攻擊對手，以前手直拳直擊對手面部。對手揮劈阻擋，我方移動右手，重心移至後腳，後手屈臂猛掄砸擊對手面部，並時刻注意對手的反擊（圖 226～圖 228）。

圖 226

圖 227

圖 228

由警戒椿式開始做掄拳動作。對手以右腳在前並揮手進攻我方，我方快速移動，前手阻擋對手揮擊的手臂，並接著以前踢攻擊對手腹肋部。對手下俯躲閃

圖 229

圖 230

時，我方兩手換勢，後手抓住對手前臂，前手屈臂，猛掄擊對手頭、頸部（圖229～圖232）。

圖 231

圖 232

第二節　掌　法

一、指　戳

【動作】

由警戒樁式起做前手指戳動作。身體適度放鬆，保持警覺；前手由握拳變掌，拇指內扣，其餘四指伸直，使食指貼於中指、無名指上，小指附在無名指上，直接向中線擊出，然後迅速恢復警戒樁式（圖233～圖235）。

圖 233　　　　　　　圖 234　　　　　　　圖 235

由警戒樁式起做後手指戳動作。身體適度放鬆，保持警覺；後手由握拳變指戳手型，沿中線直接擊出，後手前刺動作要突然、快速，收手時迅速恢復警戒樁式（圖 236～圖 238）。

【說明】

截拳道的指戳，使用了傳統武術的手法，是以手掌之指尖攻擊對手的打法。指端的戳擊給對手造成很大的威脅，其攻擊目標為咽喉或眼睛這些較危險的部位。

前手指戳是手法中攻擊距離最長、速度最快的一種，然而運用時應善於把握攻擊時機，做到準確快速地攻擊對手。

攻擊時並不握拳，而是將手指伸直，這樣會使手

圖 236

圖 237

圖 238

臂又伸長了幾公分。由於手的延伸縮短了攻擊距離，便於更加迅速地展開攻擊。

前手指戳是進攻和防守的第一線，也是樁式中防守和進攻中虛設的三條虛線之一，因而使攻和防更具合理性。

運用指戳時，準確性和速度固然重要，但施用時無須過於用力，因為主要攻擊目標都較脆弱，或是在搏擊中的禁止部位。

要提高指戳的速度，應當做大量的練習，而多數練習結果將會體現訓練的效率；速度快慢取決於動作是否簡捷、實用。因此，運用戳擊是一種應在實踐中認真體會的手法技術。

和其他手法相同的是，指戳練習應從警戒樁式開始，且不論是單手出擊或連環出擊，均應自然彈射而出，而不是推出去。和其他技法一樣，不能帶有任何遲疑動作和後縮動作。運用時應疾速地向前突刺。

手指的戳擊作為一種突然打擊的手法，也是一種重要的進攻技術。作為截拳道中的主要手法之一，它是能在一瞬間阻止或截擊對手各種複雜攻勢的防禦性手法。

在搏擊中，我方的目的就是要在攻擊中壓倒對手，為此，攻擊速度是個重要問題，無論是手指戳擊、拳擊或腳踢，我方進攻的速度都要超過對手，從而牽制對手。並且，應當準確把握時機，在進攻中有目的地加快或放慢動作，從而制約對手的節奏。

另外，在實戰訓練中還應建立符合實戰規律節奏感，只有當對手的動作開始變得缺乏活力時，才突然發動進攻。不過應當注意，不能為了增強對抗性而以硬碰硬。當然也要根據情況，盡量節省體能，並保持肌肉的適度放鬆，以保證動作的靈活性。如果操之過急，不顧一切地向前逼近對手，盲目加快動作的速度，反而收不到良好的效果，由於緊張而造成不必要的肌肉收縮，會起到制動作用，無謂消耗了體能，降低了動作的速度。

一般來說，練習者應努力讓自己處於較為自由和適度放鬆的訓練狀態中，這樣效果要比極力強迫自己進行訓練要好很多。

對時機把握的好壞，直接關係到指戳技術在攻防中運用的成敗。

截拳道所推崇的攻與防的時機一般為：

當對手集中精力準備進攻，或者暫時地將較多注意力放在進攻方面時；

在對手對於防守比較疏忽的情況下；

在對手的動作缺乏靈活性時；

在對手攻擊落空或可改變攻擊方式時；

在對手進行動作轉換時，如前進或後退，或雙方肩部相錯時；

在完成一個動作之前，對手是不會憑直覺轉換方向的，這時應發起對對手的進攻。

培養觀察並發現對手最脆弱狀況的洞察力。應當

用較大精力進行這種能力的訓練。同時，還應學會不要被聰明的對手採用的誘攻和假節奏動作所欺騙。

在把握了戳擊的時機後，如果以後手戳擊，手在收回時應保持較高的位置，用以阻遏對手的反擊。手在收回時轉入防禦位置，兩臂的肌肉要放鬆。

兩手連續進行戳擊，這在搏擊中也是較實用有效的。第一次攻擊不會妨礙第二次攻擊，第二次攻擊擊中目標的可能性也很大，並且第二次攻擊是第一次攻擊的掩護手法。因此，指戳也可作為一種戰術打法。

【要領】

● 由慢到快掌握正確的指戳技術；

● 在精力充沛時進行練習，可以以一般的力量去做特殊的動作，而不能以懶散的動作去完成，否則會妨礙技術的進步。如果感到疲勞時，就應停止戳指訓練，改換其他方法訓練；

● 前手指戳將是進攻和防護的第一線；

● 身體肌肉應適度放鬆，以減少消耗體能，利於技術運用的機動性和靈活性；

● 時刻保持警覺心，這樣可以使自己對外界變化做出迅速、準確的反應；

● 指戳要連貫、快速、簡捷；

● 擊出的路線應使指尖與中線成水平線；

● 手的擊出收回時，應養成保持稍高的位置進行防護的習慣；

● 攻擊時動作要突然，快出、快收。

【訓練方法】

（1）戳擊練習

由警戒樁式起做指戳技術動作練習。左右手連續交替進行，由慢到快，熟練後，逐步加快動作的速度。

練習20次為1組。

由警戒樁式起，指戳動作與其他手法、踢法、步法及戰術相結合，促進指戳技術的進一步熟練。

練習3～5分鐘為1組。

練習次數為3～5次。

（2）器械練習

①紙靶。由警戒樁式起做指戳紙靶的練習。可訓練直接出招技術，並且不出現多餘動作。先進行靜止中出手戳擊練習，然後過渡到移動中出招練習。隨著技術的進步，可以配合其他技法與戰術進行混合訓練。

練習時間和次數可以根據情況決定。

②木人樁。由警戒樁式起練習戳擊木人樁技術。開始時不要太用力，以免損傷指關節，而應在逐步適應中練習戳擊的準確落點與指端的硬度。

練習3分鐘為1組。

【實戰運用】

由警戒樁式起做指戳動作。對手以右腳在前時，我方前手下落佯攻，對手被迫降低前手。我方要注意對手的前手，因為它阻礙了進攻的路線。我方避開對

手前手的阻礙，快速以前手向對手眼睛突刺（圖
239～圖 241）。

　　由警戒樁式起做指戳動作。對手以右腳在前時，
我方身體重心降低，同時向前移動貼近對手，佯攻對

圖 239

圖 240

手中段的身體部位。對手將防護右手下落，必然暴露出身體上段部位，我方以右腳抵住對手的前腳，以防備對手的踢擊，緊接著前手猛然戳擊對手面部（圖242～圖244）。

圖 241

圖 242

圖 243

圖 244

　　由警戒樁式起做指戳動作。對手以右腳在前，並企圖起腳攻擊時，我方前腳搶先踢擊對手膝部，在對手下俯時，我方前手直拳猛擊對手頭部，緊接著移位近身，後手戳擊對手面部（圖 245～圖 247）。

160

圖 245

圖 246

圖 247

由警戒樁式起做指戳動作。對手以右腳在前，並以前手揮擊我方頭部時，我方應快速移動，後手屈臂攔擋，同時前手直拳攻擊對手腹部。對手左手下落攔擋，我方以後手防護，同時用指戳刺擊對手咽喉部（圖248～圖250）。

圖 248

圖 249

圖 250

由警戒樁式起做指戳動作。對手以左腳在前，並掄拳攻擊我方時，我方快速移動接近對手，並以後手向對手面部猛力戳擊。對手掄拳格擋，我方前手直拳突然猛擊對手面部，然後戳擊的手快速收回，格擋對手手臂（圖251～圖253）。

圖 251

圖 252

圖 253

由警戒樁式起做指戳動作。對手以右腳在前並以前手出拳攻擊時，我方抬臂格擋對手的攻擊前手，緊接著前手戳刺對手面部。當對手後仰躲閃時，我方則快速移動前腳，前踢對手腹部（圖254～圖256）。

圖 254

圖 255

圖 256

由警戒樁式起做指戳動作。對手以右腳在前時，我方突然移動，並以前腳抵住對手左腳，前手戳擊對手面部。對手上抬臂腕阻擋，我方移位適當距離，二次戳擊對手面部（圖257～圖259）。

圖 257

圖 258

圖 259

由警戒椿式起做指戳動作。對手以右腳在前時，我方移位，前手虛戳刺對手面部，當對手前手上抬阻擋時，我方快速移動前腳，猛然側踢對手腹部（圖260～圖262）。

圖 260

圖 261

圖 262

二、撐　掌

【動作】

由警戒樁式起做推掌動作。身體適度放鬆，保持警覺，前手由拳變掌，掌心內含勁力從身體中線直接推擊而出，掌心向前，勁力達掌心或掌根，然後迅速恢復警戒樁式（圖263～圖265）。

圖 263

圖 264

圖 265

　　由警戒樁式起做劈掌動作。身體適度放鬆，保持警覺；前手由拳變掌，合腰擰髖送手，猛然從身體中線劈出，勁力達掌指、掌根，然後迅速恢復警戒樁式（圖266～圖268）。

圖 266

圖 267

圖 268

由警戒樁式起做插掌動作。身體適度放鬆，保持警覺；前手由拳變插掌，四指併攏，彎曲扣緊，拇指緊扣，從身體中線刺出，勁力達指節面，收手時迅速恢復警戒樁式（圖269～圖271）。

圖 269

圖 270

圖 271

【說明】

截拳道掌法的運用借鑒了傳統的手法，補充完善了截拳道的手法，在搏擊中出掌攻擊，並不偏離截拳道的基本拳理。

在搏擊中可利用一切機會運用掌法，使用掌法攻擊對手，常常使對手露出破綻，並進而以掌的劈砍之勢瓦解對手的自信心和攻擊力。

撐掌是把拳型化為掌型，以不同的手法變換來推、劈、抽、摑、刺等進行攻擊，在實戰中也可採用多種攻擊角度。

掌法攻擊目標，可以選擇插刺咽喉、頭部、腹肋等易受攻擊的部位。

掌法在熟練掌握程度後，可以在攻擊中採用上劈、下劈、內劈、外劈等不同的攻擊角度，進而施以托、抓、挫、戳、撩、按、擒、撥等擊打方式。

掌法攻擊的勁力表現，應當在接觸目標的瞬間，出掌爆發出寸勁，並要注意面對何種情況採用何種打法可以更合理地運用勁力的技巧。出掌攻擊時，力達掌指、腕、臂。

掌法運用時仍以警戒樁式為起點，在攻防中充分運用掌的開合及向內、向外的快速動作，可以有效避開對手的直接攻擊，同時又可以快速轉入反擊。

出掌攻擊時，應當直接擊出，不要有任何預兆性動作。

利用肩部前送的運動和軀幹的擰轉，帶動臂、

腕，使出掌更具攻擊威力。

擊掌前保持肌肉適度放鬆。

出掌擊打未達目標之前，手掌和腕部均不凝力，而在擊中目標的瞬間，肩部的肌肉由適度的鬆弛到緊張用力，猛然擊出。

不論是用拳還是用掌，在出手和收手時，前手和後手的擺放姿勢均應以警戒樁式作為基本姿勢。

截拳道的特點，是在使用任何一種招式時都不受其固定方式的束縛，為了達到攻擊目的和效果，它在實戰中可以任意使用任何技法和手段。

前手出掌攻擊時，後手應隨時準備防護和進行二次連續攻擊；後手攻擊時，前手亦然。無論採用何種攻擊方法，均應重視時間和速度的控制。掌法所應把握的進攻和反擊時機應當是閃過對手的進攻手法後，立即進攻對手。當其作為一種試探性誘攻方式時，不需用多大力氣，效果較明顯，因此，掌法又可成為一種戰術性打法。

出掌攻擊後，應立即收手，恢復警戒樁式，以期再次攻擊或防禦對手的反擊。收手時應講究動作的彈性，腕部不是拉回，而應在勁斂之時順勢快速收回。

出掌擊中目標、收到預想效果時，應轉而追擊對手的上段身體部位。出手追擊時須沉著、冷靜。

【要領】

● 理解掌法的特點、作用及目的；

● 由慢到快地練習，掌握正確的動作技術要求；

- 手掌擊出時要注意身體重心的變換；
- 肩部放鬆不凝力；
- 姿勢舒適自然，保持良好警覺心；
- 配合呼吸促進出掌勁力；
- 出掌和收手動作應連貫順暢；
- 結合默想對動作的映像，加深動作技術的理解；
- 招式前後手均可運用。

【訓練方法】

（1）掌法練習

由警戒樁式起做掌法動作練習。由慢至快，細心體會動作要領，逐漸提高動作熟練程度。

由警戒樁式起，假想與對手進行實戰攻防，練習從不同角度出掌攻擊，體會出手和收手的感受。

練習3分鐘為1組。

（2）器械練習

①沙袋。由警戒樁式起，擊打輕型沙袋，體會劈掌與推掌的不同之處，並由降低或升高沙袋，從不同角度體會出掌運用的方法。

掌握一定動作技術後，應在靜止或移動中結合其他手法、踢法及戰術運用，訓練掌法的實用能力。

練習3分鐘為1組。

②木人樁。由警戒樁式起，借助以掌擊打木人樁的練習，把握掌法的擊打動作的準確性。隨之練習攻和防的技術運用方法，並結合其他技術進行混合訓

練。

　　練習2～3分鐘為1組。

　　③紙靶。以掌法擊打紙靶，練習攻擊出招的準確性，並學會把握時機、勁力。擊打時要放鬆身體，集中精力，依照出掌要領把紙靶作為攻擊目標，以掌擊勁力擊破紙靶，逐漸練習動作的靈巧性。

　　練習15次為1組。

　　【實戰運用】

　　由警戒椿式起做推掌動作。對手以左腳在前，並以前手直拳攻擊我方，我方快速移動，同時前手屈臂格擋，緊接著後手出掌，猛拍推對手頸部（圖272～圖275）。

圖 272

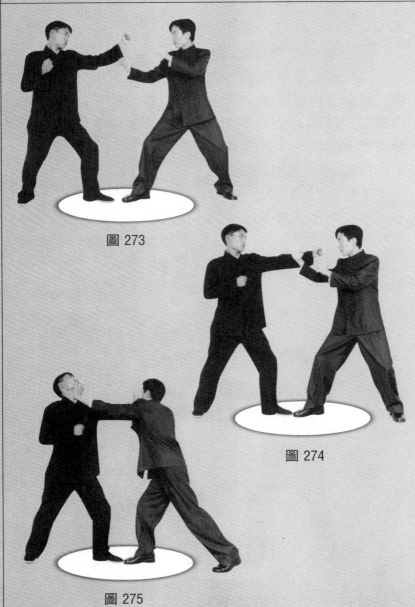

圖 273

圖 274

圖 275

由警戒樁式起做插掌動作。對手以右腳在前，並以前手揮擊我方頭部，我方後手出掌，格擋對手的攻擊，然後在快速移動中前手由拳變掌，插刺對手頸部（圖276～圖278）。

圖 276

圖 277

圖 278

由警戒樁式起做劈掌動作。對手以左腳在前，並以前手掄拳進攻，我方抓住對手掄拳手臂，快速移動，後腳猛踢對手腹部。對手下俯企圖躲避，我方接

圖 279

圖 280

著兩手交換位置，前手由抓臂變為出掌，猛劈擊對手頭部（圖279～圖282）。

圖 281

圖 282

由警戒椿式起做劈掌動作。對手以右腳在前，並揮手撲攻我方，我方前手抓住對手的進攻手臂下按，

圖 283

圖 284

後手緊接著抓握對手手臂，前手由抓臂變為出掌，猛劈擊對手面部（圖283～圖286）。

圖 285

圖 286

由警戒樁式起做插掌動作。對手以左腳在前時，我方在注意對手撲來動作的同時，移步後撤，緊接著側踢對手膝腿進行阻截。對手因腿遭到截擊被迫停止

圖 287

圖 288

而身體前傾時，我方抓住時機，前手插掌猛擊對手頸部（圖 287～圖 290）。

圖 289

圖 290

由警戒樁式起做推掌動作。對手以右腳在前時，我方突然用前手推掌攻擊對手胸、腹部。對手被擊後

圖 291

圖 292

退時，我方攻擊前手化為掌，拍按對手的防護手，後手緊接著直拳突擊對手面部（圖291～圖294）。

圖 293

圖 294

　　由警戒樁式起做劈掌動作。對手以右腳在前時，我方前腳佯攻對手腹部；對手後撤同時，我方快速跨

圖 295

圖 296

步跟進，前手施以擺拳擊打對手頭部，緊接著後手出掌，猛力劈擊對手腹、肋部（圖295～圖298）。

圖 297

圖 298

第三節　肘　法

一、上擊肘

【動作】

由警戒樁式起做前手上擊肘動作。身體適度放鬆，保持警覺，前手屈肘，身體重心前移，後腳踏地撐腰調髖；自然鬆肩屈肘，前手快速從中線擊出，手臂擊出時肌肉突然緊張用力，力達肘尖，然後迅速恢復警戒樁式（圖299～圖301）。

圖 299　　　　　　圖 300　　　　　　圖 301

　　由警戒椿式起做右手上擊肘動作。身體適度放鬆，保持警覺，後手屈肘，身體重心前移，後腳蹬地撐腰調髖；自然鬆肩屈肘，後手快速從中線上擊出，手臂肌肉擊出時突然緊張用力，力達肘尖，然後迅速恢復警戒椿式（圖302～圖304）。

【說明】

　　上擊肘不像其他肘法的動作幅度、路線那樣明顯。其運用時，直接向前、向上擊出，勁疾，動作短促，攻擊對手時可配合步法前衝。

　　近戰中為了阻截對手的攻擊，上擊肘將得到充分發揮。攻擊目標為對手的頭部、頸部或在一般情況下禁擊的脆弱部位如太陽穴等。

　　肘擊攻擊目標時應當快速、直接、靈巧。同時它

圖302

圖303

圖304

還是一種比較細膩的肘擊之法。

　　肘部的骨骼經過磨練，本身就非常堅硬，同時其勁力直接，招式路線短，如果在實戰中靈活運用，可迫使對手防守失效。肘擊法可以有效攻擊對手防守的中間空檔。

　　上擊肘在截拳道技法中是經常使用的技法。上擊肘的進攻路線呈弧形揮出。練習者如果在重複練習中掌握到位的話，也可以進行多種角度的攻擊，即可以在垂直線 180° 以內的任何角度出肘，這體現了截拳道肘擊之法靈活施用的涵蓋範圍。

　　搏擊中如何運用上擊肘，如果對手使用各種攻擊之法，迫使我方轉入防守時，可以抬手握拳屈肘以防護我方頭部，並以肘部旋動化解對手的攻勢。

　　如果對手習慣採用弧度稍大的右手拳或短拳進攻時，並且進攻我方腹部或中線部位時，最有效的防守手法就是運用右手屈肘或左手肘上擊對手，此招使用得法的話，不僅可以起到很好的自我防護作用，還可以轉而攻擊對手面部或下頦。

　　實戰中，如果對手打法比較粗糙，或者對手同樣習慣以右腳在前的姿勢時，右手防守能力相對降低，我方則可以左手肘連擊對手。

　　上擊肘也可用於阻截對手腳踢或膝撞的攻擊。不僅可以用來阻截，還可以為轉換其他技法直接引招，並且能夠配合其他技法做連續進攻。

　　肩部關節是肘擊法的基本力量之源。如果關節韌

帶不夠靈活、肌肉力量不足，肘擊動作則難以充分發揮作用。初練肘擊法時，不要僅僅追求肘擊法的動作技術和所謂「腳蹬地扭轉腰髖借力」的高深技術。而應首先使肩、臂關節及肌肉充分展開，達到輕捷靈活狀態，這樣在進一步掌握肘擊進攻技術時，就會將肘擊法技術逐漸融入實戰運用中。

肩關節的肌肉和韌帶在充分靈活展開並靈活自如後，可以進行肘擊目標的動作訓練。因為肘擊練習和其他技法動作練習有很多不盡相同的地方。肘擊的用勁之道和使用範圍有一定的局限性，在練習之前，必須進行目標擊打訓練。掌握了正確的技術及用勁之法，之後才能進入假想目標空擊肘法訓練。

肘擊法的單手招式練習熟練之後，可再進行前後手肘法連擊訓練，訓練方法與單手肘擊法要領相同。

【要領】

- 保持正確的警戒樁式，身體適度放鬆；
- 由慢到快，掌握正確的出肘動作；
- 擊出動作的勁力方向是向上、向前撞刺，力走弧線，亦是向前、向上：
- 配合擰髖、腳蹬地，手臂肌肉突然緊張用力，以增加肘擊效果；做動作時應連貫，快速、彈性出擊和收回；也可以用擰髖，腳踏地向前的力量，用肩、臂之力將肘向前推送；
- 肘尖向前、向上擊出動作一定要簡捷實用；
- 掌握正確的上擊肘技術動作，逐漸提高肘擊水

平；

● 訓練中仔細體會做動作時肘擊勁力是否連貫、順暢；

● 應養成一手肘部擊出時，另一手時刻注意保護頭部和胸部之習慣；

● 保持精神狀態和技法使用的協調性，力求動作完美。

【實戰訓練】

（1）肘法練習

掌握正確的肘法基本技術之後，由警戒樁式起重複靜止狀態下的肘擊動作，使動作達到準確、快速，並認真體會肘擊勁力的順暢與否。

練習100次為1組。

仔細體會肘擊技術要領，克服急於求成的心態。在練習中，主要注意掌握前後腳與上下肢的協調配合以及身體重心的轉移。

（2）器械練習

①沙袋。由警戒樁式起擊打沙袋。可以分別練習在移動或靜止狀態下出肘，以肘擊打沙袋時要注意把握時機、距離和出招路線（圖305～圖307）。

②拳靶。由警戒樁式起做擊打助手持拳靶練習，培養練習者準確、迅速的動作，並採用配合步法或其他技術訓練，來提高肘法技術。

練習3分鐘為1組。

圖 305

圖 306

圖 307

【實戰運用】

由警戒椿式起做上擊肘動作。對手以右腳在前，並以右手揮擊我方，我方快速抬起前手以阻擋對手的攻擊手臂，同時快速移動近身，右手收回防守身體中段部位，左手猛力揮肘，刺擊對手下頦或面部（圖 308～圖 310）。

圖 308

圖 309

圖 310

由警戒樁式起做上擊肘動作。對手以右腳在前，並企圖以勾拳進行攻擊時，我方移步，前手屈肘格擋對手，在對手準備以後手攻擊時，我方後手屈肘，突擊對手面部（圖311～圖313）。

圖 311

圖 312

圖 313

由警戒椿式起做上擊肘動作。對手以左腳在前，撲向我方，並以左手揮擊。我方搖晃頭部，同時前手擋對手左手的攻擊。對手接著又揮右手攻擊，我方沉著移動，後手快速格擋對手攻擊手臂，緊接著以右手屈肘，猛擊對手面部（圖 314 ～ 圖 316）。

圖 314

圖 315

圖 316

由警戒樁式起做上擊肘動作。對手以右腳在前時，我方前手指戳突然進攻對手面部。對手被迫抬手格擋，我方快速移動，擒住對手手臂，同時後手屈肘，猛擊對手頭部（圖 317～圖 319）。

圖 317

圖 318

圖 319

　　由警戒椿式起做上擊肘動作。對手以左腳在前，並以前腳前踢進攻。我方提膝阻擋，同時快速落腳移動，低段側踢對手膝部。對手前手下落進行防護，我方前手屈肘，突擊對手頭部（圖 320〜圖 322）。

圖 320

圖 321

圖 322

由警戒樁式起做上擊肘動作。對手以右腳在前，猛然撲向我方企圖摟摔。我方快速移動，擰轉腰髖，左右手肘連擊對手面部，迫使對手停止攻擊（圖 323～圖 325）。

圖 323

圖 324

圖 325

二、橫擊肘

【動作】

由警戒樁式起做前手橫擊肘動作。身體適度放鬆，保持警覺；前手臂屈肘，自然上抬，擰轉腰髖，沿水平方向向前弧形擊出，拳背與前臂保持平直，勁力達肘尖，動作連貫，然後迅速恢復警戒樁式（圖326～圖328）。

圖 326

圖 327

圖 328

　　由警戒樁式起做後手橫擊肘動作。身體適度放鬆，保持警覺，後手臂屈肘，自然上抬，擰轉腰髖，帶動肩部猛然沿水平方向向前方弧形擊出；拳背與前臂保持平直，後手緊握屈肘，勁力達肘尖，動作快速連貫，然後迅速恢復警戒樁式（圖329～圖331）。

【說明】

　　截拳道的肘法深受傳統武術的影響，但在其發展中，又不斷改進了傳統武術的一些肘擊之法，使之在實戰中更加實用。

圖329

圖330

圖331

横擊肘是以肘尖部位作為力點的水平動作，可以在近距離中攻擊對手。

因横擊肘動作易於靈活變化，在搏擊中與對手互相糾纏時也可施用，如果運用得法，可令對手防不勝防。因此，這類打法是比較實用有效的。

肘尖部位本身就比較堅硬，隨著身體動作的協調，把力量傳遞於肘尖的時候，將會增加肘擊的力量。

肘擊法運用水準較高，也將有助於其他手法或拳法的靈活運用。

在實戰搏擊中用肘法横位擊打時，應根據自身和對手之間的距離變化來適當地調整肘擊的屈度。而無論何時進行肘法攻擊，都應使拳背與前臂部保持平直，這種姿勢將使得力量的使用更加順暢。

横擊肘掌握熟練後，為了使肘擊法更具變化，靈活施用，除了在初期訓練的沿在水平線的稍微循弧形的擊打動作外，還可以在垂直線 180°範圍內任意攻擊，以形成多角度的攻擊能力。

在搏擊中施用横擊肘時，應注重訓練利用身體軀幹的相應擰轉以增加横擊肘攻擊的力量。力量和技術的配合均應建立在步法基礎上，步法的配合要注意移動時的幅度，以利於肘法和身體的相應擰轉。

通常，横擊肘是在使用擺拳攻擊後順勢屈肘前擊的，由拳變肘攻擊非常適合在近戰糾纏中施用。如果對手摟抱我方，企圖以膝部攻擊時，我方即可以使用

橫擊肘迫使對手退避，也可以用來攻擊打法粗糙、注意力不夠集中的對手。

【要領】

- 正確理解橫擊肘的作用、特點和目的；
- 訓練中由慢到快進行，力求掌握正確動作；
- 細心體會肘擊路線、動作順序和用力部位；
- 注意出肘和收回的動作，避免錯誤動作產生；
- 保持擰轉腰髖、送肩揮肘姿勢的順暢；
- 身體盡量放鬆，可以促使動作的快速完成；
- 前後手均可運用肘擊；
- 動作均以簡捷、直接為原則；
- 從警戒樁式開始和結束。

【訓練方法】

（1）肘法練習

原地的由警戒樁式起練習橫擊肘技術。可以在鏡子的幫助下，糾正錯誤多餘的動作。

在教練員的指導下認真完成訓練，並積極配合訓練過程，掌握正確的技術動作。

練習時左右手姿勢交替進行，熟練掌握技術動作後，再結合步法進行練習。

結合步法練習時，再結合其他手法練習。

將步法、手法、肘法、膝法與踢法融於一體，進行綜合練習。

練習3～5分鐘為1組。

（2）器械練習

①沙袋。由警戒樁式起做擊打輕型沙袋練習，訓練肘擊的距離感與肘擊勁力。做動作時要快擊快收，意念中肘擊沙袋要有擊打的滲透力，練習3分鐘為1組（圖332～圖334）。

圖 332

圖 333

圖 334

②拳靶。由警戒椿式起以前後手擊打助手所持拳靶。助手持拳靶高度應與頭部相同。擊打時可結合步法練習，逐漸增加訓練範圍，練習３分鐘為１組（圖335～圖337）。

圖 335

圖 336

圖 337

【實戰運用】

由警戒椿式起做橫擊肘動作。對手以左腳在前，並以右手揮向我方頭部。我方移動，左手屈臂格擋對手，前腳抵住對手前腳，緊接著以前手屈肘，橫擊對手頭部或頸部（圖338～圖340）。

圖 338

圖 339

圖 340

由警戒樁式起做橫擊肘動作。對手以右腳在前時，我方移動，前手直拳進攻對手面部。對手急忙躲閃，我方進而以後手擺拳擊打對手頭部，順勢以後手拳變肘，攻擊對手面部（圖341～圖343）。

圖 341

圖 342

圖 343

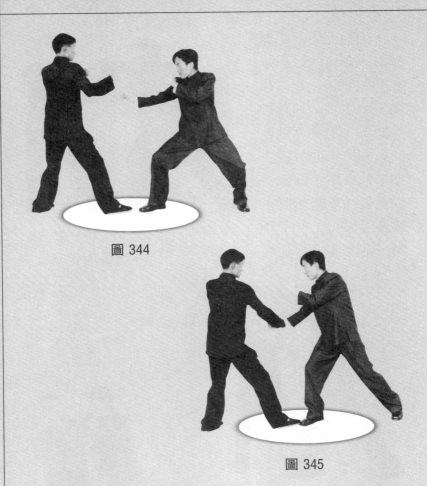

圖 344

圖 345

　　由警戒樁式起做橫擊肘動作。對手以右腳在前時，我方降低身體重心，前手佯攻對手腹部。

　　對手被迫下落前手格擋，我方則快速前移，猛然站起，以前手格開對手防護之後，後手屈肘橫擊對手頭部（圖 344～圖 346）。

圖 346

圖 347

　　由警戒樁式起做橫擊肘動作。對手以右腳在前，以前手出拳攻擊我方上身，我方移位，抬臂屈肘，以肘反擊對手攻擊手臂，緊接著以前手順肘橫擊對手腹、肋部（圖 347～圖 350）。

圖 348

圖 349

圖 350

三、下擊肘

【動作】

由警戒樁式起做前手下擊肘動作。身體適度放鬆，保持警覺，身體重心前移；前手臂自然屈肘上提，同時借助身體重心下落，合腰擰髖，肩、臂由鬆而緊，向下猝然肘擊，發力快速，然後迅速恢復警戒樁式（圖 351～圖 353）。

圖 351

圖 352

圖 353

由警戒椿式起做後手下擊肘動作。身體適度放鬆，保持警覺，身體重心前移；後手臂自然屈肘上提，同時借助身體重心下落，合腰擰髖，肩、臂由鬆而緊，猛然向下肘擊，動作短促快速，然後迅速恢復警戒椿式（圖354～圖356）。

圖 354

圖 355

圖 356

【說明】

截拳道的下擊肘是從上向下砸剁的技術，其攻擊時用肘尖快速直線插擊，在格鬥中具有很大的殺傷力。

下擊肘發力時不僅要熟練掌握技術動作，肩部關節韌帶的柔韌性的強弱，也將直接影響動作力量的施展。應多做下擊肘的空擊練習，隨著動作的熟練掌握，力量也將隨之逐漸增加。

施用下擊肘時應把握住無論是簡單的還是復合的攻勢中的時機，若錯過時機，就不能採用此類打法了。因為在攻擊中，先施用此類招式時，自身的中線也將暴露出來，容易遭到對手的截擋攻擊，因此，在對抗搏擊中應當慎用。

下擊肘的應用範圍：

貼身近戰，對手企圖下俯或迫近摟抱時；

對手已被我控制，可以乘勢攻擊時；

對手措手不及時，我方可突然進攻；

借助擰轉腰髖的力量時。

【要領】

● 動作的練習與運用均須謹慎、沉著，要冷靜觀察；

● 在熟練掌握準確動作的基礎上，逐漸提高動作速度；

● 訓練中注意體會動作對身體平衡的影響；

● 身體重心的升落要配合合腰擰髖的力量。

● 培養準確的下擊肘的距離與時機的把握能力；

● 強化對自身中線的防護；

● 體會肘擊動作中身體上下協調配合的細微之處；

● 動作應準確、快速完成；

● 訓練中要循序漸進，切勿急於求成；

● 由警戒樁式開始，動作結束後回歸警戒樁式。

【訓練方法】

（1）肘法練習

由警戒樁式開始，做原地肘擊法動作練習。培養精神和肉體的高度協調合一，在掌握正確技術的基礎上，充分合理地發揮肘擊法的效率。

動作訓練逐漸增加難度，直至練習成可以隨心所欲使用的動作。須多次重複訓練，增強神經系統與肌肉的協調能力，培養訓練者對動作的逐漸的控制能力。

練習動作可左右手輪流進行。

練習3～5分鐘為1組。

在具備一定基礎後，再結合其他技術進行訓練。

（2）器械練習

①沙袋。由警戒樁式半蹲姿勢起用肘擊打凳子或器具上的小沙袋。開始階段可輕輕擊打，次數少些。隨著肘部力量及硬度增強，再增加訓練次數和時間（圖357～圖359）。

②拳靶。由警戒樁式起擊打助手持拳靶練習。訓

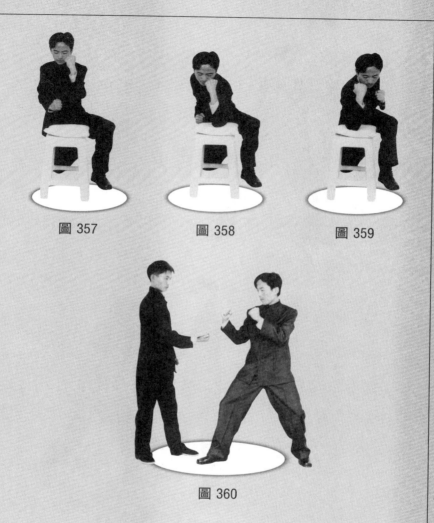

圖 357　　　　　　　圖 358　　　　　　　圖 359

圖 360

練從靜止或移動狀態中出肘練習。可以結合其他手
法、踢法或戰術訓練，助手應認真配合練習，以不斷
提高練習者的動作隱蔽性及應變能力，練習時間 3 分
鐘為 1 組（圖 360～圖 362）。

圖 361

圖 362

【實戰運用】

　　由警戒樁式起做下擊肘動作。對手以左腳在前，並從遠距離撲向我方揮手攻擊。我方沉著移動，出掌

圖 363

圖 364

佯攻接格擋對手的攻擊，並扭住對手手臂，前腳迅速
踏進對手中門，後手屈肘，突然下刺對手頸部（圖
363～圖 366）。

圖 365

圖 366

　　由警戒樁式起做下擊肘動作。對手以左腳在前，俯身快速撲向我方。我方移動中被對手摟抱住前腿或腳，我方前手快速屈肘，猛地下刺對手頭部，在迫使

圖 367

圖 368

對手離開時，後手緊接屈肘，砸擊對手肩、頸部（圖 367～圖 370）。

圖 369

圖 370

　　由警戒樁式起做下擊肘動作。對手以左腳在前，並以前手攻擊我方頭部。我方身體重心下降閃躲，移步，前腳突然膝撞對手腹部。在對手遭到攻擊身體下

圖 371

圖 372

俯時，我方緊接著以後手屈肘下砸對手背部或頸部
（圖 371～圖 374）。

圖 373

圖 374

由警戒樁式起做下擊肘動作。對手以右腳在前時，我方前手直拳進攻對手。對手抬手格擋並移步，欲以膝撞之，我方移動，前手屈肘，下擊對手膝攻之腿（圖375～圖377）。

圖 375

圖 376

圖 377

四、後擊肘

【動作】

由警戒椿式起做前手後擊肘動作。身體適度放鬆，保持警覺，身體重心稍後移；前手臂屈肘，擰轉腰髖，以腰為軸後轉 90°，猛然擊出，勁力達肘尖，然後迅速恢復警戒椿式（圖 378～圖 380）。

圖 378

圖 379

圖 380

　　由警戒樁式起做後手後擊肘動作。身體適度放鬆，保持警覺，身體重心稍後移；後手臂屈肘，擰轉腰髖，以腰為軸後轉 90°。肩、臂由放鬆而猛緊之動作快速擊出，勁力達肘尖部位，然後迅速恢復警戒樁式（圖 381～圖 383）。

【說明】

　　截拳道的後擊肘法的施用在於一瞬間擰腰出招，同時把握擊打目標之準確性，並在擊打過程不使自己

圖 381

圖 382

圖 383

身體重心失去平衡。

後擊肘作為戰術性的打法。一般用來擺脫對手的糾纏，它是一種比較特殊的肘擊法。在實戰中，此種打法有較強的突發性，攻擊中有較強的滲透力。在運用時，應使做出的動作直接、快速、準確。

後擊肘在實戰中施用時，應在瞬間出招，並保持身體的平衡和重心的穩定，使整個動作順暢自然，一氣呵成。

若對手撲過來時，後擊肘應配合各種戰術使用。

近戰中或與對手苦苦糾纏，以至肘與拳的功能無法充分施展時，此時以後肘襲擊對手可收到出其不意的效果。

後手肘雖然具有很強的滲透攻擊力，但其本身攻擊的範圍比較狹小，在擊打中還須扭腰合髖才能擊中目標，而擊打的目標點比較難以掌握。

後擊肘對付非常有經驗的拳手則較難奏效。

攻擊對手時，不能僅單以招式進行攻擊，還須內心充滿必勝信念。在發起攻擊的瞬間動作須連貫完整、突然。

擊中目標的一瞬間，要充分運用腕、臂、肘的扭轉力量與速度配合，力道不減，並發揮腰髖的最大能量，以增強攻擊的力度。

攻擊時決不能恐懼閉眼，隨時保持沉著冷靜，仔細觀察對手的一舉一動。

打擊的方法有多種。搏擊者務必學會運用各種方

式進行攻擊。

【要領】

● 做動作時應保持最大限度的能夠施展後擊肘的警戒樁式，身體適度的放鬆；

● 認真了解後擊肘的動作技術，避免盲目訓練；

● 做動作由慢到快，不能一味追求擊打效果，結果造成動作僵硬緊張，影響技術的進步；

● 出肘動作技術在於揮擺動作的連貫性；

● 發招之勁力來自手臂與腰的擰轉；

● 腳的移動要配合出肘動作的擺出；

● 細心體會髖與腰轉擺的細微感覺。

【訓練方法】

（1）肘法練習

由警戒樁式起反覆練習後擊肘動作，不斷地訓練至熟練程度，鍛鍊神經與肌肉的協調能力，逐漸使運用技術達到隨心所欲的程度。練習動作的同時也要訓練心智、勁力與耐力。

練習3分鐘為1組。

（2）器械練習

①沙袋。擊打的沙袋以中型或輕型沙袋為宜。培養練習者出招動作的隱蔽性。將沙袋假視為對手，注意肘擊的著力部位與沙袋的充分接觸。攻擊練習時，快擊快收，養成良好的出招和收式習慣（圖384、圖385）。

圖 384

圖 385

【實戰運用】

　　由警戒椿式起做後擊肘動作。對手以左腳在前，並以前手直拳進攻我方。我方快速移動，抬起前手格擋，移步踏近對手右後轉身，後手屈肘，猛擊對手腹背部（圖 386 ～圖 389）。

圖 386

圖 387

圖 388

圖 389

由警戒樁式起做後擊肘動作。對手以右腳在前，企圖前踢進攻我方。我方移步，低段側踢對手膝部。對手被迫收回腳時，我方近身，猛然肘後擊對手頭部（圖390～圖393）。

圖 390

圖 391

圖 392

圖 393

由警戒椿式起做後擊肘動作。對手以左腳在前，並移步以前手擊打我方頭部。我方以後手格擋，緊接著以前手肘橫擊對手腹部。對手收手時，我方再移步，擰腰，後手屈肘攻擊對手頭部（圖 394～圖 396）。

圖 394

圖 395

圖 396

由警戒樁式起做後擊肘動作。對手以右腳在前時，我方以前手佯攻對手腹部，對於揮臂格擋。我方緊接著以後手擒住對手手臂，前腳抵住對手前腳，前手下擊肘猛擊對手，再緊接移步，下擊肘轉為後擊肘，突擊對手面部（圖 397～圖 400）。

圖 397

圖 398

圖 399

圖 400

第四章

進攻技法

　　訓練中的技能掌握，無非是盡量適應實戰搏擊的需要。在搏擊中，預先設定好運用何種招式來破解或攻擊對手的招式是不現實的。因為格鬥的雙方的技術運用是在不斷變化的，是隨機應變的，誰也無法預先判斷對手下一個動作而設定應招。任何技法的充分施展，惟獨具有深厚的功力為基礎和靈活快捷的反應能力，才能發揮攻防的威力。

　　本章在前述的拳技和拳理上作些補充。上肢技法的基本運動要求輕快、敏捷、有力，不僅要求拳或臂在揮動的瞬間要敏捷，而且細微動作的技巧運用也同樣要求敏捷，亦能做到乾淨俐落。

　　截拳道的技法運用中，既有運動性的動作，也有靜止性的動作。在沒有脫離規矩時，截拳道既有招又有式，而在拳技進入高水準以後，招式動作就不再一板一眼地表現出來。不動時好似靜止的水，一動則猶如奔騰的江河。這充分體現了截拳道運動的動靜、剛柔、虛實的無形之形，無式之式的搏擊境界。

第一節　頭撞法

截拳道採用頭撞法，是對搏擊技術運用的補充打法。頭部的撞碰頂擊在實戰中有著獨到的技擊作用，往往可以敗中取勝。在格鬥中利用機會用頭部撞頂對手面部、胸肋部、腹部、背部等要害部位，常會收到奇效。

頭部的鍛鍊與其他技法的訓練較接近，在反覆訓練中，使頭皮表層和真皮層增厚，彈性也得到增強，額頭肌隨之變得堅韌、厚實，從而提高頭部對外界阻力的適應能力。

頭部主要以撞頂方法攻擊對手，攻擊的勁力應當是隨身體姿勢變化而瞬間發出撞頂的寸勁。

【實戰運用】

由警戒樁式起做頭撞法動作。對手以左腳在前，並以前手直拳攻擊我方。

我方迅速移步前腳踏入對手空門，搶入中線，前手格擋對手的攻擊前手，後手進行防護，同時，用頭、肩撞擊對手面部或胸部。撞擊動作要突然快速（圖 401～圖 403）。

圖 401

圖 402

圖 403

第二節　手　法

手法在截拳道中地位十分重要。手法分拳、掌的打法。

一、寸　拳

寸拳是截拳道手法中拳法運用的高深層次，是對身體內部和勁力運用的高度協調。

寸拳出拳時，需身體配合腰部的筋骨、肌肉與內氣擰聚合一，以腰部的勁力向上發至肩胛骨，透於肘，催於手。發拳時腿要有蹬踏地面的支撐彈性。

寸拳的發力運用，主要是拳頭與身體姿勢協調配合而突然發出來的寸勁。就是說，不僅是拳頭的勁力產生寸勁，身體也在瞬間以寸力完成擰轉。因而寸拳不僅是拳法的鍛鍊，同樣也鍛鍊了內臟器官的功能。

【訓練方法】

（1）出拳姿勢

訓練出拳的勁力時，首先要保持一個正確姿勢，上身的姿勢是人體自然形態；面部向前，胸部含蓄勁力，眼要正視前方。拳頭擊出瞬間，拳頭由直沖突然翹起，以增加勁力（圖404、圖405）。

（2）內勁

內勁是身體內部氣血走向的勁力。拳頭的運動使

図 404　　　　　　　　　　　図 405

手陽明大腸經和手厥陰心包經的經脈運行氣血之力貫於手上，形成發勁出拳一動渾身皆動的協調。

拳未擊出時，就要有貫穿勁力的意念；擊出時，應讓身體所蓄之力猛然爆發。在發勁時要突然迅猛，拳頭要握緊。

做出拳姿勢時，意、氣、勁、力與拳、臂、身、形要順，發力順暢，出拳的意念有直透之意，氣要有充足之氣，勁力要直接，拳臂直而擰聚勁力，身形要自然放鬆。肩要放鬆，肘要垂而催勁力，拳要順，手與腳要合。

拳勁運用之力，雖然有經筋脈絡的運動與形的配合，但每一拳的擊出都牽涉到五臟六腑、全身骨骼以及所有經脈筋絡。發拳不單是發內氣的勁力，也不單循手臂經絡，而是一動無有不動，不能分先後主次。

二、勾漏手

勾漏手是一種經過拳術訓練多年、有突出個性特色的一種手法運用。它建立在基本技術的基礎之上，

和「寸拳」「連環腳踢法」並稱之為截拳道的三大絕技。所謂絕技，也就是這種技法能夠隨心所欲地發揮運用。絕技均是從基本功練習發展起來的。人們在不斷的磨練中，會逐步領悟到其中真意。

勾漏手是一種封手攻擊的運用手法。它的運用特點是連消帶打，攻中有防，防中有攻。具體的施用是先封住對手的手和腳，瓦解對手的攻勢後再進行攻擊。

封纏的手法可使對手局部受到牽制，當對手暴露空門後再實施攻擊。封手亦可作為預防的手法，先封，再用另一手攻擊，或可運用封手作為滑步或反擊時的預防策略。如果對手確定攻擊意圖時，我方採用封手時需知道對手何時出招，並善用速度與技巧的配合而施用之。使用封手時，前臂和身體均能自然地作出反應，合理運用拳、臂攻擊或手、肘擊打。

截拳道的勾漏手技法中，以封手為主要手段，以拿為勾，以掛為漏。勾又分為內勾手、外勾手和交叉勾手，漏又分為內漏手和外漏手。

勾漏手的運用強調施展技法的速度，沒有速度，無法充分發揮勾漏手技術。只有當你的技術動作達到輕巧、準確和協調，才可以在實戰中果斷地運用封手攻擊。

導引養生功 系列叢書

陸續出版敬請期待

張廣德養生著作

每冊定價350元

全系列為彩色圖解附教學光碟

國家圖書館出版品預行編目資料

截拳道手擊技法／舒建臣　編著
　　——初版，——臺北市，大展，2005〔民 94〕
　　面；21 公分，——（截拳道入門；1）
　　ISBN　957-468-410-5（平裝）

1.拳術—中國
528.97　　　　　　　　　　　　　　94015319

截拳道手擊技法　　　　ISBN 957-468-410-5

編 著 者／舒 建 臣
責任編輯／張 建 林
發 行 人／蔡 森 明
出 版 者／大展出版社有限公司
社　　 址／台北市北投區（石牌）致遠一路 2 段 12 巷 1 號
電　　 話／（02）28236031・28236033・28233123
傳　　 眞／（02）28272069
郵政劃撥／01669551
網　　 址／www.dah-jaan.com.tw
E－mail ／service@dah-jaan.com.tw
登 記 證／局版臺業字第 2171 號
承 印 者／高星印刷品行
裝　　 訂／建鑫印刷裝訂有限公司
排 版 者／弘益電腦排版有限公司
授 權 者／北京人民體育出版社
初版 1 刷／2005 年（民 94 年）10 月

定　價／230 元

推理文學經典巨著，中文版正式授權

名偵探明智小五郎與怪盜的挑戰與鬥智
名偵探柯南、金田一都讚嘆不已

日本推理小說鼻祖－江戶川亂步

1894年10月21日出生於日本三重縣名張〈現在的名張市〉。本名平井太郎。
就讀於早稻田大學時就曾經閱讀許多英、美的推理小說。
畢業之後曾經任職於貿易公司，也曾經擔任舊書商、新聞記者等各種工作。
1923年4月，在『新青年』中發表「二錢銅幣」。
筆名江戶川亂步是根據推理小說的始祖艾德嘉‧亞藍波而取的。
後來致力於創作許多推理小說。
1936年配合「少年俱樂部」的要求所寫的『怪盜二十面相』極受人歡迎，
陸續發表『少年偵探團』、『妖怪博士』共26集……等
適合少年、少女閱讀的作品。

1 ～ 3 集　定價300元　試閱特價189元